EDITORA AFILIADA

Dados Internacionais de Catalogação na Publicação (CIP)
(Câmara Brasileira do Livro, SP, Brasil)

Rubin, Charles
Não seja vítima dos seus filhos : um guia para pais de filhos dependentes de álcool e drogas / Charles Rubin ; [tradução Leila de Barros]. — São Paulo : Summus, 1999.

Título original: Don't let your kids kill you.
ISBN 85-323-0691-8

1. Alcoólatras – Relações familiares 2. Pais de alcoólatras 3. Pais de toxicômanos 4. Toxicômanos – Relações familiares I. Título.

99-4143   CDD-649.153

Índices para catálogo sistemático:

1. Filhos viciados e pais : Vida familiar
   649.153
2. Pais de filhos viciados : Vida familiar
   649.153

CHARLES RUBIN

NÃO SEJA VÍTIMA DOS SEUS FILHOS

UM GUIA PARA PAIS DE FILHOS DEPENDENTES DE ÁLCOOL E DROGAS

summus editorial

Do original em língua inglesa
DON'T LET YOUR KIDS KILL YOU
Copyright © 1999 by Charles Rubin

Tradução:
Leila de Barros

Consultora Técnica:
Maria de Lurdes de Souza Zemel

Capa:
Pimenta Design

Editoração:
Acqua Estúdio Gráfico

Proibida a reprodução total ou parcial
deste livro, por qualquer meio e sistema,
sem o prévio consentimento da Editora.

Direitos para a língua portuguesa
adquiridos por
SUMMUS EDITORIAL LTDA.
que se reserva a propriedade desta tradução
Rua Cardoso de Almeida, 1287
05013-001 — São Paulo, SP
Telefone (11) 3872-3322
Caixa Postal 62.505 — CEP 01214-970
http://www.summus.com.br
e-mail: summus@summus.com.br

Impresso no Brasil

Para minha querida esposa, Betty

Agradecimentos

Por terem acreditado na necessidade deste livro e por terem-me apoiado ao escrevê-lo, gostaria de agradecer a Paul Cash, Grainger Brown, MFCC, dr. Cary Howard, Deborah Grandinetti, dr. Mark Fahey, dra. Shira Deitsch, Christine La Monte, Jaclyn Catalfo, Maureen Redl, MFCC, Ben Kamsler, dr. Gerald Besses, Megan Edwards, Marlena Fahey, Brooke Shannon, Janie Booth, Marynell Spicer, Bunni Busse-Murphy, Franklin Crawford, June Fritchman e Betty Bethards.

Sumário

Apresentação 11

Introdução 13

1 Dê uma boa olhada em si mesmo 17

2 Você realmente pensa que fez isso a seus filhos? 30

3 As expectativas e por que é perigoso tê-las 41

4 Você fez tudo por seus filhos: talvez não devesse
   ter feito 53

5 Estabelecendo limites e persistindo neles 64

6 Separando-se do filho dependente 78

7 Outras pessoas o condenarão: não se importe com elas 89

8 Pessoas que podem dar apoio: elas estão muito mais
   disponíveis do que você imagina 101

9 Recuperação: comece com você mesmo 110

10 Aspectos positivos de se ter um filho dependente 122

Epílogo: Justamente quando você pensa que está mais
   fortalecido, o telefone toca 131

Índice Listas de informações valiosas 138

Apresentação

Não seja vítima dos seus filhos foi escrito por Charles Rubin que teve dois filhos dependentes de drogas. O próprio Rubin diz "[...] *existe uma enorme diferença em viver uma situação e aprender com uma situação*", e é o que propõe: que diante dessa situação tão difícil da dependência dos filhos com as drogas os pais não se tornem co-dependentes. Ou seja, os filhos se viciam com as drogas e os pais se viciam no vício dos filhos, pois confundem seus filhos com as substâncias químicas que eles ingerem.

Além de relatar e refletir sobre sua experiência pessoal, Rubin fala de histórias reais de outros pais que junto com ele percorreram um enorme caminho para procurar uma saída para si próprios.

O que ele propõe é que os pais se salvem da morte que é proposta pelo problema que os filhos vivem, com uma separação mediante um rompimento violento com o filho dependente.

A essência dessa questão está no fato de que nunca antes essa independência foi trabalhada. Nessa relação, Rubin tem razão, o problema tem duas mãos: tanto os pais quanto os filhos são responsáveis por ele.

"Só existe uma pessoa que eu posso mudar, e esta pessoa sou eu" diz Rubin, mostrando, no meu entender, a onipotência dos pais diante do problema dos filhos.

Muitas vezes, diante do problema do abuso de drogas dos filhos os pais se sentem como vilões ou culpados. É preciso que se tome cuidado, ao ler este livro, para não se entender que os vilões agora são

11

os filhos. Isso seria uma desconsideração pelo problema e uma negação da idéia principal da co-dependência.

Talvez possamos comparar a grande dificuldade que os pais têm em lidar com a independência dos seus filhos com a mesma dificuldade dos filhos em se desligarem das drogas. Para se desligarem é preciso que os pais se disponham a ver suas próprias dificuldades, suas destrutividades e suas identificações com seus filhos. Numa rede familiar um é a linha para o outro ser o nó que tece ou que emaranha.

Rubin propõe que os pais se ajudem por meio de grupos de autoajuda nos quais eles permanecem como "conselheiros" de outros pais com problemas equivalentes. Interessante os pais se sentirem salvos por se separarem dos filhos mas, ao mesmo tempo, sentirem-se sempre presos à idéia de ajudar outros pais. Por intermédio dos filhos dos outros continuam discutindo suas próprias histórias, mas também continuam presos a essa história.

Talves, um dia, um desses jovens que viveu esta separação e se recuperou pudesse também dizer de sua parte, como se sentia com estes pais.

Maria de Lurdes de Souza Zemel
Psicóloga, psicanalista – candidata da Sociedade Brasileira de Psicanálise de São Paulo e ex-presidente do Conselho Estadual de Entorpecentes de São Paulo (Conen-SP). Terapeuta de família – membro da Associação Paulista de Terapia de Familia (APTF).

Introdução

Não seja vítima dos seus filhos é um livro para pais e mães, escrito por um pai. Porém, não é exatamente para qualquer tipo de pais. Na verdade, a menos que você faça parte do número crescente de pais e mães cujas vidas foram seriamente transtornadas por um filho dependente de álcool ou drogas[1] – jovem, adolescente ou adulto – existem poucas chances de que entenda acerca do conteúdo destas páginas. Isso ocorre porque os pais de filhos dependentes enfrentam certas situações que diferem bastante daquelas que foram vividas pelos pais de filhos não-dependentes.

Como o primeiro livro no mercado que enfoca unicamente os *pais que estão sofrendo* e não o filho que está cometendo o erro, *Não seja vítima dos seus filhos* apresenta uma visão radical em que os pais não são, independentemente da crença popular, os mentores responsáveis pelos terríveis dependentes que seus filhos se tornaram. Este livro se opõe a julgamentos generalizados que afirmam que os pais são culpados pelas escolhas feitas por seus filhos. (Não estou, obviamente, incluindo nessa afirmativa os pais que tenham sido considera-

---

1. O termo "drogas" aplica-se a qualquer substância química, inclusive o álcool, que altere o estado mental, físico e emocional de uma pessoa, conforme definido na *Classificação Internacional de Doenças*, 4ª ed., 9ª rev., publicada pela McGraw Hill para a Organização Mundial de Saúde.

No entanto, como no Brasil em geral não se inclui o álcool entre as drogas, talvez por ser lícito ou talvez pela mitologia do grande perigo das drogas ilícitas, optamos por dependente de drogas e/ou de álcool. (N. do E.)

dos legalmente responsáveis por abuso sexual, físico ou emocional contra seus filhos. Não estou, em absoluto, qualificado para aconselhar esses pais e tampouco para avaliar o quanto eles possam ter prejudicado seus filhos.)

Este livro enfatiza o fato de que nossos filhos não são maus, mas o mal está nas drogas que eles consomem. Esse é um fato importante a ser lembrado, especialmente quando enfrentamos a natureza traiçoeira das drogas e os resultados de sua utilização por uma criança. Imagine-se abrindo a porta de um armário e encontrando uma criança curvada em posição fetal com seu cachimbo, ou voltando para casa após o trabalho e descobrir buracos na parede, grandes o suficiente para permitir a passagem de uma lavadora de louças – sem que ninguém possa explicar como eles surgiram. Imagine descobrir uma conta bancária com um desfalque, na qual estejam faltando centenas ou milhares de reais. Ou o terror que reina em um ambiente familiar no qual o filho dependente pode ser capaz de agredir fisicamente os pais e outros membros da família.

Como muitos pais que lidaram com filhos dependentes de drogas ou álcool, sentia-me como se estivesse vivendo um pesadelo enquanto meus filhos se afundavam cada vez mais por causa do vício, tornando-se pessoas inacessíveis. Na maioria dos casos, os jovens que usam drogas transformam-se em indivíduos agressivos, violentos, ofensivos e anti-sociais. Esses jovens não respeitam regras, leis ou propriedade pessoal. Eles não são apenas autodestrutivos, mas demonstram também a intenção de destruir tudo que está ao seu redor, incluindo as pessoas que mais se preocupam com eles. É fácil imaginar que o estresse ao qual esses pais são submetidos freqüentemente conduz ao divórcio, a problemas na carreira, a enfartes, a ataques cardíacos e à morte prematura.

Grainger Brown, um conselheiro familiar em Butte, Montana, que trabalhou com crianças quimicamente dependentes e com seus pais, durante uma grande parte de sua carreira, descreve que o trauma do pai ou mãe que tenta salvar seu filho dependente é igual ao de um combatente que se culpa pela guerra.

Como se a autopunição e a autocondenação não fossem suficientes, a principal corrente da sociedade também fica ansiosa para fazer sua acusação, colocando a responsabilidade dos atos dos filhos totalmente nos ombros dos pais, complicando ainda mais o problema. Um exemplo recente de perseguição aos pais ocorreu quando um tribunal de uma pequena comunidade no Oregon determinou que se um jovem

14

cometesse um delito, seus pais é que deveriam ser responsabilizados.

A mensagem para os jovens dependentes não poderia ter sido mais nítida: saiam por aí e façam tudo o que quiserem – nós perseguiremos somente seus pais. Em outras palavras, se o jovem cometer um crime, os pais cumprem a pena.

E quem disse que os pais podem acompanhar seus filhos em cada minuto do dia? Em Ohio, uma mãe foi condenada à prisão no lugar de sua filha dependente de drogas com a intenção de reduzirem as atividades negativas dos jovens. Não nos surpreende o fato de essa mãe ter tido um enfarte após essa determinação da corte. Naquele momento, o juiz ordenou que o *pai* assumisse o lugar dela.

Para a hipnoterapeuta e Ph.D. de Los Angeles, Shira Deitsch, cujos clientes incluem muitos pais de dependentes, a pergunta crucial, sugerida pela frase *Não seja vítima dos seus filhos* é: que atitudes os pais podem tomar quando a lealdade a seus filhos estiver arruinando suas próprias vidas?

Procuro, neste livro, responder a essa pergunta e mostrar aos pais como podem salvar suas vidas. Pelo relato de minha própria experiência com filhos dependentes e das experiências de outros pais (cujos nomes e outras características de identificação foram alterados), este livro mostra aos pais que eles não estão sozinhos em sua confusão e sofrimento.

Ao chegar às páginas finais, que este livro o tenha auxiliado a eliminar a sensação de isolamento, bem como a convicção de que os vícios de seus filhos jovens são o resultado de uma educação deficiente por parte dos pais.

Outras pessoas a quem espero que este livro possa ser útil são os terapeutas, os psicólogos, os educadores e os assistentes sociais. E também pode auxiliar a preparar os pais de jovens não-dependentes que, pensando no futuro, imaginam que nesse mundo atual, com uma crescente utilização de drogas e álcool, isso também poderá acontecer com seus filhos.

Como um escritor profissional e um pai que já passou pela experiência direta dos resultados devastadores de dois filhos que aderiram às drogas, minha esperança é de que este livro possa fornecer informações úteis e importantes às pessoas do mundo todo. No momento em que o uso de drogas pelos nossos jovens atinge proporções epidêmicas, é essencial que as pessoas entendam que essa não é uma crise que está afetando apenas aos pais, mas a todos nós no mundo inteiro. Também aventuro-me a dizer que a verdadeira responsabilidade pela circulação de drogas neste país pertence aos nossos órgãos governamentais, encarregado do combate à utilização de drogas. Eles deveriam fazer um esforço ainda maior para eliminar a disponibilidade das drogas para os nossos jovens. De fato, isso deveria ser uma prioridade máxima. Se fosse um caso de envenenamento em nossos reservatórios, agiríamos com rapidez para acabar com o problema. Continuamos a permitir que nossos filhos sejam envenenados por uma série de drogas que entra em nosso país diariamente. Além disso, para interromper a intensificação de crimes violentos, deveríamos, por meio de uma legislação rigorosa, eliminar as armas que são tão facilmente acessíveis aos jovens. As drogas juntamente com as armas estão causando uma catástrofe tão significativa em nossa sociedade que, talvez, em breve, seja tarde para parar.

1 Dê uma boa olhada em si mesmo

MINHA HISTÓRIA. Houve um tempo em minha vida em que me sentia o homem mais feliz da terra. Eu era o pai de dois filhos maravilhosos que me proporcionavam uma infinita alegria. Esses garotos, tão diferentes um do outro, eram para mim dois tesouros especiais e distintos. Eu apreciava e ficava maravilhado com suas diferenças. Um era gregário e brilhante com aquela voz rouca tão incomum em um jovem. O outro possuía uma força silenciosa, alguém que impunha respeito instantaneamente, um líder nato. Mas, à medida que o tempo passava, tornava-se aparente que eles tinham uma característica muito nítida em comum: uma propensão para a dependência química.

Agora não há mais nem um sinal daquelas crianças pequenas. Em um instante elas eram parte essencial de minha vida e, no outro, tinham-se tornado adolescentes.

E os sintomas que eu a princípio havia confundido com o comportamento tipicamente estranho de dois garotos na fase da puberdade (sinais sobre os quais o dr. Spock previne os pais para que fiquem alertas) eram realmente os inacreditáveis e horríveis efeitos colaterais do abuso de substâncias químicas.

Como muitos pais que finalmente descobrem os motivos reais que existem por trás do comportamento agressivo e bizarro de seus filhos, eu não sabia como lidar com a situação. Nunca me havia ocorrido que meus filhos pudessem se tornar dependentes de drogas. Ingenuidade ou falta de conhecimento ou apenas ignorância absoluta foram minhas justificativas e, de repente, percebi que havia um abismo entre mim e a verdade.

O que finalmente pude entender acerca do meu relacionamento com meus filhos é que há muito tempo eu não estava convivendo com suas verdadeiras personalidades. Aquelas crianças encantadoras haviam-se transformado em outros seres. Durante um período de vários anos eles se tornaram suas próprias drogas e nada mais. Cada vez mais era impossível me comunicar com eles da forma como eu sabia, porque aquelas duas pessoas haviam desaparecido. Eles abandonaram seus corpos do mesmo modo que alguém abandona uma casa antiga. Também abandonaram tudo que fosse cordial, exclusivo, amigável e familiar que estivesse relacionado com eles.

Quem ocupava a casa naquele momento eram os dependentes: personificações predatórias e maléficas das drogas e do álcool. Se eu tivesse estado em contato com pessoas estranhas que demonstrassem essas características, teria corrido milhares de quilômetros para fugir daquela aura de negatividade que emanava delas.

Fugir de pessoas estranhas é uma coisa. Fugir de seus próprios filhos é outra completamente diferente. Porém, era exatamente o que eu sabia que precisava fazer para poder sobreviver. Não estava vendo apenas um quadro realista daquilo em que meus filhos haviam-se transformado, percebi também o quadro realista daquilo que eu estava me tornando. E essa visão era assustadora.

Por causa do estresse e da preocupação, fiquei fisicamente abalado com doenças misteriosas, como dormências nos braços e uma fadiga alarmante. Perdi peso e fiquei pálido. Mentalmente, tinha dificuldades em todos os momentos de me lembrar do que deveria estar fazendo e não conseguia me concentrar no trabalho. Meu casamento, que já andava estremecido há algum tempo, fracassou completamente sob as pressões às quais fomos submetidos – não pelos vícios de nossos filhos, mas pela falta de habilidade para lidar com esses vícios como um casal unido.

Permaneci nesse quadro por alguns anos, sentindo o impacto de cada ação negativa de meus filhos quase como uma agressão física a mim. Finalmente, vendo o quão destrutiva era aquela situação, não tive outra opção a não ser deixar meus filhos irem embora (que, naquela época, não eram mais crianças). Eles eram jovens adultos e eu fiquei participando desses transtornos terríveis junto com eles durante aproximadamente seis anos. Eu não poderia agüentar por mais tempo.

Deixá-los ir significava, na realidade, que os estava deixando cometer seus erros e que não iria tentar dissuadi-los nem recuperá-los.

Durante todo o tempo a energia e os gastos que tive com eles, naquele momento, seriam reduzidos e redirecionados para mim. Ninguém pode afirmar que seja fácil reestruturar a vida de uma pessoa, em especial quando o foco esteve sempre direcionado para um filho dependente. Mas quando existe algo que precisa ser resgatado, temos de fazer algumas mudanças. O *ponto focal* tem de ser redirecionado para os *pais*, em vez de para o filho dependente.

Meus filhos atualmente estão saindo da faixa dos vinte anos. Um deles tem feito muitos progressos para dominar seus vícios e tem-se mantido "lúcido e sóbrio" nos últimos cinco anos, pelo que estou muito grato. Meu outro filho mora longe, mas geralmente sei quando não está sob o efeito das drogas: nesses momentos ele fala ao telefone com aquela mesma voz rouca, que soa alegre e amorosa, como costumava ser no passado. Infelizmente, esses momentos são raros.

Preocupo-me com meus filhos com a mesma intensidade de quando eram pequenos, porém, atualmente, também me preocupo com uma terceira pessoa a quem negligenciei por muito tempo. Eu mesmo.

Qual o preço da paternidade/maternidade?

Se você for como muitas mães e pais que têm vivido um filme de terror com seus filhos drogados ou bêbados assumindo os personagens principais, provavelmente esteja se sentindo mental, física e espiritualmente arruinado, sem mencionar o lado financeiro. E, como a paternidade/maternidade com freqüência é identificada com o sofrimento e o sacrifício, talvez você não reconheça o estado em que se encontrava. Ou mesmo até o reconheça e apenas o aceite como o preço que se paga por ser pai ou mãe. Essa aceitação pode ser derrotista bem como desnecessária. E o pior de tudo, pode ser suicida.

Quando você está à mercê de uma pessoa agressiva, sob a qual não se tem controle ou perante a qual se age passivamente, pode sentir-se nervoso, irritadiço e apreensivo. Pode ficar predisposto a doenças físicas e emocionais ou mesmo sujeito a uma morte provocada por um grande estresse gerado por toda a situação.

E quando essa pessoa agressiva vem a ser seu próprio filho, sua carga pode ser duplicada. Ficar imaginando qual será a próxima catástrofe que seu filho vai provocar é o suficiente para deixá-lo abalado sempre que o telefone toca. Quantas vezes não terá sido a polícia informando que seu filho ou filha foram presos novamente? Ou um vizinho escandalizado reclamando de alguns atos negativos cometidos por seu filho? Ou, ainda, a escola informando que você terá de comparecer imediatamente ao local para conversar a respeito da mais recente de uma série de atitudes anti-sociais realizadas por seu filho? Ou um dos amigos de seu filho que utilizam sua casa como toalete de um posto de gasolina? Ou aquela voz no telefone que você já reconhece de alguém que tem uma conexão de drogas com seu filho? Acredite ou não, o estresse proveniente desses enfrentamentos pode matá-lo.

Quanto um corpo pode suportar?

De acordo com o dr. Mark Fahey, MD, de Santa Rosa, Califórnia, o estresse transforma o foco do corpo, da homeostase normal, que é o estado relaxado, em uma tensão total, uma reação que o coloca na condição de alerta constante. Todo alimento armazenado no corpo é sacrificado para fornecer energia rapidamente. O batimento cardíaco e a pressão sanguínea aumentam tentando levar esse alimento aos músculos. O estresse constante pode levar à perda de peso, fadiga, aumento da incidência de "esforço" do coração, que, por sua vez, conduziria a dores no peito, ataques cardíacos e arritmias, podendo causar morte súbita.

A medicina está, cada vez mais, avançando nas descobertas de que o estresse pode ser um agente causador de outras doenças, como o câncer. Quando a pessoa reprime as emoções, como pais de dependentes o fazem freqüentemente, o corpo torna-se mais vulnerável.

Na realidade, o estresse envolve o corpo todo. E não existe estresse pior do que o de pais angustiados com um filho que se tornou incapacitado em conseqüência de sua dependência do alcoolismo ou das drogas.

O que é exatamente um dependente?

Se você compreender os efeitos que as substâncias químicas exercem sobre as pessoas, poderá ter uma idéia dos elementos contra os quais tem de lutar quando um filho ou uma filha torna-se uma pessoa dependente. Primeiro, o abuso de substâncias químicas não é, como muitos pais acreditam, apenas a manifestação de uma personalidade voluntariosa. É um desejo incontrolável e também uma necessidade mental, emocional e física.

Quando seu filho dependente é menor de idade, você tem mais chances de auxiliá-lo, embora os dependentes de qualquer idade em geral sempre encontrem formas de retornar às substâncias químicas, independentemente de qual tipo de ajuda você possa fornecer-lhes.

Os dependentes não são criminosos, mas as substâncias químicas que estão presentes em seus corpos com freqüência os levam a realizar atos criminosos. As drogas que alteram a mente podem transformar a personalidade mais pacífica na mais violenta. No mundo atual, as drogas e as armas parecem andar de mãos dadas, tornando a vida perigosa para todos. Na realidade, elas removem todas as prioridades da vida de uma pessoa, assim como a escola, amigos, relacionamentos e planos para o futuro. A pessoa que você conhece é substituída por alguém cujo comportamento é totalmente diverso do daquela que você amava. Ela passa a ser um estranho que, em decorrência do efeito das drogas, irá mentir para você e roubá-lo repetidas vezes, fará promessas que nunca cumprirá e irá ofendê-lo verbal, emocional e fisicamente diante da menor provocação. Você não pode confiar em um dependente. Ele pode se parecer exatamente com aquela criança em quem você confiava, mas, ao contrário, não existem similaridades, uma vez que estejam sendo usadas substâncias químicas.

Um dependente é alguém que despreza as sutilezas da vida com uma ferocidade ilimitada. Em algum lugar dentro do dependente pode existir o conhecimento de que aquilo que ele está fazendo é destrutivo, mas por causa de uma forte atração pela euforia e a fuga, ele também fica sem vontade ou incapaz de buscar uma mudança. Acho que algumas das pessoas mais corajosas do mundo são os dependentes que conseguem ficar sóbrios e assim se mantêm, mesmo quando do a tentação de retornar às substâncias químicas ocorre diariamente.

A menos que o dependente tenha um desejo verdadeiro de livrar-se do hábito, não há nada que se possa fazer para trazer de volta a pessoa que existe dentro dele. O que é mais desolador para os pais é a incapacidade de aceitar a autodestruição do dependente, uma circunstância real e muito trágica. Em vez de lidarem com os vícios como uma doença,[1] muitos pais se adaptam às manifestações de Dr. Jekyll/

---

1. O abuso de drogas e o alcoolismo estão oficialmente relacionados na *Classificação Internacional de Doenças*, 4ª ed., 9ª rev., da lista de doenças da Organização Mundial de Saúde.

Mr. Hyde, que são próprias dos dependentes. E passam a viver desse modo, se é que se pode chamar de vida um estado constante de medo e apreensão.

Negociando com o dependente: você também pode poupar suas palavras

Tentar negociar com um dependente nunca funciona. O efeito das substâncias químicas no cérebro humano inutiliza sua capacidade de manter os acordos. Freqüentemente, o dependente não se *lembrará* nem mesmo de ter feito um pacto de qualquer espécie com você. Ou, se não houver nenhum lapso de memória, ele poderá simplesmente "escapar" de sua parte no acordo. E, então, se você protestar, ele lhe dirá para onde deve ir.

Sei de um pai que deu dinheiro a seu filho dependente para que largasse as drogas. Em que esse pai estava pensando? O filho utilizou o dinheiro exatamente para comprar mais drogas.

Se você acha que é possível fazer um acordo com seu filho dependente, poderá tentar. O problema é que alguns pais continuam sempre "tentando". Permitem que os jovens dependentes tomem conta da casa. Ou compram automóveis para eles. Ou, ainda, pagam seus débitos. Tudo isso pela promessa de que ele irá mudar seus hábitos e viver como um membro normal da sociedade. O dependente ficará muito feliz ao fazer esse tipo de promessa – por que recusar uma oferta tão generosa? – mas quase nunca irá cumpri-la. Os pais logo percebem que "subornar" o dependente não proporciona nenhum benefício, a não ser mais frustração e desapontamento.

Você ainda acha que pode ter um relacionamento normal com um dependente?

Desculpe-me. É impossível. Se você entendesse a dinâmica de sua ligação com um filho dependente e o poder de destruição que ele exerce sobre você, poderia conceber uma solução mais prática. A primeira coisa que deve imaginar é que o relacionamento entre você e seu filho dependente, por mais sólido que pareça, na verdade foi estremecido pelas substâncias químicas presentes no corpo dele.

Isso não significa que você não possa manter um relacionamento do tipo refém/filho, se desejar. É um prêmio de consolação, mas muitos pais gostam disso.

No entanto, se essa for a sua situação e se você estiver cansado dela, poderá tomar providências para se libertar dessa posição de refém, na qual tem permanecido de forma tão complacente. Mesmo nos relacionamentos relativamente isentos de problemas entre pais e filhos, existe sempre uma certa carga de pressão emocional (para que os pais cedam aos desejos do filho) graças à natureza forte que há nesse vínculo. Mas, no caso do relacionamento entre os pais e seu filho dependente, aqueles em geral ficam sob o controle deste. E esse é exatamente o tipo de relacionamento que o dependente gosta.

Tomando por base minha própria experiência, diria que é impossível desfrutar de um relacionamento normal com um dependente que possui substâncias químicas circulando em suas veias. Isso é verdadeiro por várias razões. A primeira é que os pais podem ainda estar alimentando uma fantasia de que talvez, algum dia, o dependente realizará uma mudança radical em sua vida e começará a agir da forma que os pais desejam. A segunda está relacionada ao dependente, que, por causa da sua necessidade de utilização das drogas, depende efetivamente dos pais como uma fonte de renda.

Os pais (que não têm mais ninguém para tentar moldar) e o filho (que não tem mais ninguém para atacar, culpar e ofender) podem permanecer nessa situação dolorosamente sufocante por muito tempo. Esse padrão de vida continua até que os pais compreendam o quão destrutivo o relacionamento tem sido (o que, talvez, nunca aconteça) ou até que o filho, milagrosamente, se torne um membro da sociedade saudável e motivado (o que, talvez, também nunca aconteça).

Você ainda acha que pode ter um relacionamento normal com um dependente? Continue lendo.

Uma droga chamada negação

Muito bem, vejamos o cenário. Você tem um filho (para simplificar, usarei a forma de tratamento masculina) de aproximadamente 21 anos. E sempre imaginou que nessa época da vida ele estaria concluindo uma faculdade e iniciando uma carreira. Mas ele não tem emprego e abandonou o ensino médio. Passa os dias (e as noites) com os amigos que gostam de beber e/ou usar drogas e fica escutando o som ensurdecedor do *rock* pesado ou do *rap* (em sua sala de estar) até altas horas da madrugada e de manhã cedo. Reclama de como a sociedade o tem maltratado, lesa os órgãos de serviço do governo sempre que é possível e ofende todo mundo que esteja na sua frente – especialmente você.

A que grau de proximidade cheguei ao descrever as ações do seu filho dependente em sua casa?

Muitos pais vivem em um estado de negação quando se trata deles mesmos ou de seus filhos. A negação pode ser como uma espécie de fortaleza impenetrável que não permite que nada o atinja. Mesmo quando os pais presenciam continuamente a evidência, em todas as formas e em todos os padrões, de que seus filhos estão profundamente envolvidos em passatempos negativos, recusam-se a aceitar o fato. Esses pais ainda estão muito confiantes e são inexperientes para conceber a possibilidade de que seus filhos – em quem depositaram as mais altas expectativas – possam fazer algo tão profundamente errado.

A negação, conforme percebi, é uma força poderosa que, num primeiro momento, protege muitos pais do reconhecimento doloroso de que seus filhos se tornaram, de algum modo, pessoas de personalidade duvidosa e empenhadas em empreendimentos mais duvidosos ainda. A incapacidade de perceber a situação nitidamente fez com que eu vivesse em um estado de desilusão prolongado, uma espécie de cozimento lento sobre um fogo aberto. Mas quando a negação finalmente desapareceu, fiquei apenas com uma mágoa viva, que me consumia profundamente. E então, quando despertei, percebi que meus filhos eram verdadeiros veteranos nesse mundo sombrio dos dependentes de drogas e de álcool.

Conforme descobri, em uma data bem posterior, meus filhos eram predispostos às substâncias químicas em virtude de um longo histórico de alcoolismo dos dois lados da família. Mas no momento em que me apercebi pela primeira vez dos efeitos que essas substâncias químicas provocavam neles, não fazia nenhuma idéia do grau de seriedade do problema. Exatamente como muitos pais, com experiências anteriores ou posteriores à minha, eu era muito ignorante sobre os efeitos traiçoeiros do vício nas drogas e no álcool para saber como lidar com ele.

Uma palavra sobre manipulação: no caso, a sua

O fato de lidar com um dependente obriga-o a abandonar todas as antigas estratégias que funcionavam tão bem quando seu filho era mais novo.

Como a maioria dos pais, você mesmo era uma espécie de manipulador. No entanto, quando o dependente passa a ter um comportamento igual ao seu, você se transforma em uma pessoa sem poder. De repente, nada mais funciona. Você percebe que não está mais no controle. Não consegue fazer com que o dependente abandone as drogas, ou se reabilite, ou arranje um emprego, nem mesmo que corte o cabelo. Ele apenas ri de você. Isso lhe proporciona, pela primeira vez na vida, uma perspectiva do quão desleal pode ter sido ao tentar forçá-lo a fazer aquilo que você desejava.

Você tentou o tratamento silencioso, o tratamento doloroso e o tratamento calcado no afastamento. E descobriu que o dependente ainda estava injetando agulhas nas veias. Talvez apenas para discordar de você.

É uma conscientização bem chocante o fato de sentir-se superado em esperteza, em todos os níveis, por alguém cujas fraldas foram trocadas por você.

Reagir contra o dependente: não funciona

Em vez de "lidar" com os problemas que surgiam – e havia muitos – eu reagia contra eles. Essas reações tinham a forma de explosões exasperadas, seguidas de penosas interiorizações. Reagia contra os relatos constantes que começavam a surgir descrevendo suas faltas nas aulas. Reagia contra as explosões e críticas violentas que meus filhos drogados proferiam constantemente contra a mãe e a mim. Reagia contra as súbitas ausências e perdas de objetos de propriedade da família, que indubitavelmente eram penhorados para pagar as drogas. Reagia contra a falta de dinheiro, cheques falsificados, cartões de crédito roubados, automóveis danificados e propriedades públicas destruídas. Reagia contra a destruição completa à qual nossa casa estava sendo submetida: janelas quebradas, mobília danificada, portas fora das dobradiças, assoalhos pisoteados com brutalidade, a garagem independente que foi removida de sua base por alguém que estava tentando manobrar (visivelmente sob a influência de alguma substância química) na direção de suas portas. Mas, principalmente, eu reagia contra a força toda poderosa das drogas e do álcool, que estava contida no processo de destruição do amor que sentíamos uns pelos outros. Como alguém totalmente voltado para os valores e o companheirismo familiar, fui testemunha do espetáculo desolador que estava conduzindo a família que amava a uma triste ruptura.

Porém, apesar de tudo isso, minha negação era tão forte que eu ainda acreditava que um milagre pudesse acontecer, permitindo que nossa família voltasse a ser o que era: feliz, unida e fazendo planos para o futuro. Esses sonhos e esperanças nunca se realizaram.

Viciado em trabalho: uma outra espécie de obsessão

Quando os pais têm obsessão pelos filhos, não conseguem se concentrar em quase mais nada.

Ou pode acontecer exatamente o oposto. Os pais adotam uma outra obsessão chamada trabalho. É fácil fazer isso porque no trabalho sempre existem tarefas a serem concluídas, diretrizes a serem alcançadas, desafios a serem vencidos.

Obviamente, o risco inerente ao fato de se utilizar o trabalho para fugir dos problemas familiares é que logo os problemas do trabalho são totalmente absorvidos pela pessoa e a eficiência acaba desaparecendo. A pessoa viciada em trabalho trocou efetivamente uma obsessão por outra. Quando esse fanatismo se torna insuportável para todos que compartilham do seu local de trabalho, os pais viciados em trabalho irão procurar outro emprego.

Para onde foram todos os seus amigos?

Há uma época em que os pais obsessivos acham que seus amigos os estão evitando. Esses amigos simplesmente não desejam mais ouvir os episódios horríveis sobre o que os seus filhos dependentes estão fazendo. É muito deprimente. Qualquer compaixão que possam ter demonstrado no início já acabou há muito tempo. Os olhos deles dizem o que suas bocas não querem dizer: que os problemas relativos a filhos dependentes não são fáceis de serem escutados dia após dia, mês após mês, ano após ano.

Os amigos gostam de falar de outras coisas que não tragédias. Gostam de comentar sobre o filme mais recente, ou esportes, ou um lugar para onde ir nas próximas férias. Se não houver nenhum espaço na vida dos pais para os acontecimentos mais leves e se todos os amigos estiverem ouvindo apenas fatos tristes e fracassos, provavelmente desejarão interromper o relacionamento, talvez permanentemente. Eles são o indicador que os pais de dependentes necessitam para perceber o nível de isolamento em que se encontram em seu estado obsessivo.

Se você chegou a essa conjuntura em sua vida, é hora de olhar para essas obsessões. Porque não apenas arruínam carreiras e relacionamentos, mas também casamentos.

Para onde foi seu casamento?

As pressões a que os pais de filhos dependentes se permitem estar subordinados geralmente causam a deterioração em uma área muito vulnerável – o casamento. Do mesmo modo que ocorre freqüentemente com pais de crianças que estão com problemas, os pais de dependentes brigam seriamente entre si. Nesses momentos vêm à tona muita culpa e acusação. Muitos pais entram em uma rotina de combate diário que, por fim, conduz à separação.

Não importa, nesses casos, quem está ou não com a razão. As mães tendem a ver seus filhos como pessoas muito jovens e inocentes para entender a seriedade de suas ações. Elas são muito mais propensas a fornecer novas oportunidades de reajuste a seus filhos. Em um relacionamento problemático entre mãe e filho, a mãe sempre assumirá a culpa pelo que está acontecendo ou culpará o pai. Muito pouco ou nada se resolve nesses casos.

Os pais, ao que consta, são menos propensos a abrandar as atitudes dos filhos errantes. Isso, provavelmente, porque a sociedade espera que o homem seja menos emocional e mais pragmático do que a mulher. Se o pai tem essas características muito desenvolvidas, pode tornar-se exageradamente autoritário – o que é uma afronta à mãe protetora. Ela pode questionar a forma de agir desse pai que permite que os filhos sofram as conseqüências de suas próprias opções, e ele ficar irritado com a atitude da mãe que está protegendo excessivamente o filho dependente.

O que é necessário para uma parceria estável entre mães e pais é o equilíbrio das energias feminina e masculina. O grande problema aparece quando entre os dois surge a expectativa de que um deles se adapte à forma do outro lidar com o filho dependente. Se os pais forem totalmente opostos em seus pontos de vista, será quase impossível desenvolver soluções necessárias para beneficiarem o relacionamento, assim como para mantê-lo.

Em uma família na qual existem divergências, com freqüência é o filho dependente que está mantendo os pais afastados. Essa manobra de manipulação, realizada pelo filho, afasta, até certo ponto, suas próprias responsabilidades. Enquanto os pais estão ocupados lutando entre si, o filho dependente tem mais oportunidades de continuar com seus passatempos doentios. Embora muitos pais achem difícil aceitar esse conceito, o fato é que um filho dependente irá tirar proveito de todas as chances possíveis para se beneficiar da confusão e dos conflitos entre os pais. Quanto mais os pais se afastam, mais poder o filho adquire. Nessa posição, o dependente pode fazer exatamente o que quiser com a família e dentro dela.

Um fator importante em qualquer casamento em que exista um filho dependente é que os pais evitem entrar em conflito com suas filosofias individuais. Eles só podem fazer isso *unindo-se na demonstração de uma força maior*, uma barreira segura e firme, a qual o filho dependente não possa destruir nem penetrar. É lamentável quando os pais não conseguem resolver os assuntos entre si, seja por sua iniciativa ou com a ajuda e sabedoria de um terapeuta. E é muito triste quando permitem que o amor que sentem um pelo outro seja enfraquecido pela amargura e pela raiva.

Tendo controle sobre a situação

Existem muitos pais – conforme aprendi freqüentando várias reuniões do grupo de apoio aos pais – que possuíam, como eu, as mesmas altas expectativas em relação a suas famílias. Se você for esse tipo de pai ou de mãe, então provavelmente sabe que não é apenas o filho que pode perder o controle, os pais também podem. Possivelmente, já está consciente de que a reação contínua de sua parte é inútil, assim como extremamente prejudicial à sua saúde e bem-estar.

O ato mais desastroso que pode cometer é permitir que a situação continue a seguir seu curso destrutivo atual. Veja a seguir algumas etapas simples para evitar a negatividade tão excessiva que existe na dinâmica de sua família. Observe que precisamos ter coragem e determinação para realizar tudo isso de forma bem-sucedida.

1. Corte todo tipo de auxílio financeiro que é fornecido ao dependente. Manter o controle da situação com pulso firme trará resultados imediatos, bem como repercussões. (Fique alerta em relação aos bens valiosos da família. Na verdade, mantenha-os em segurança fora de casa.)
2. Elimine todos os tipos de privilégios que foram concedidos aos seus filhos dependentes – assim como a utilização do automóvel da família ou a vinda dos amigos deles para sua casa.

3. Cumpra todas as ameaças que fizer. O modo mais rápido de perder sua credibilidade com um filho dependente é tornar-se uma pessoa "de coração mole", na última hora.

4. Recuse-se a livrar seus filhos dependentes de situações difíceis quando estiverem envolvidos em problemas legais. Não pague suas multas, nem suas fianças.

5. Procure apoio o mais rápido possível.

6. Tente fazer com que seus filhos freqüentem centros de reabilitação. Se forem menores de idade, você poderá inscrevê-los. A admissão de um adulto é feita de forma voluntária, portanto talvez você não tenha êxito nesses casos.

7. As drogas eliminam qualquer traço de consciência. Tenha a noção de que muitos jovens drogados não hesitariam em ferir ou mesmo assassinar seus pais por dinheiro. Se suspeitar que seu filho pode recorrer a esse nível de violência, entre em contato com a polícia.

No caso de pais separados, haverá apenas uma voz, mas no caso de pais que estão casados haverá duas. É importante unir essas duas vozes para que uma só mensagem objetiva chegue até o dependente. Se você puder trabalhar junto com sua(seu) parceira(o) de modo que formem uma equipe que siga essas simples etapas para lidar com o dependente, estará prestando um ótimo serviço a si mesmo e à sua família.

Entretanto, se você mantém a idéia de que foi o responsável em primeiro lugar pelos vícios de seus filhos, existem muitas chances de que não consiga ser eficiente ao seguir essas diretrizes. Como veremos no próximo capítulo.

2 *Você realmente pensa que fez isso a seus filhos?*

A HISTÓRIA DE NANCY. A primeira coisa que observei nessa mãe separada e com dois filhos foi sua linguagem corporal. Nancy sentou-se em minha frente com uma postura semidefensiva e rígida. Quando falava, parecia encontrar dificuldades em encarar o meu olhar. Era como se estivesse escondendo um segredo horrível. Mas, enfim, descobri que não era um segredo, conforme ela me relataria posteriormente em sua história. O desconforto que expressava estava relacionado com sua filha dependente. E a coisa terrível que ela estava ocultando era sua culpa.

Eu sabia algo a respeito dela por informações fornecidas por amigos comuns. A principal dinâmica de sua vida parecia ser a culpa que carregava pelo rumo que seguia a vida de sua filha Hilary. Quando ela estava com seis anos e seu irmão Ben com quatro, Nancy levou-os de Miami para Atlanta – deixando para trás e para sempre um marido e pai agressivo e alcoolista.

Em Atlanta, conforme explicou Nancy, que estava com 42 anos, ela trabalhava em dois empregos para poder cursar a escola de enfermagem e pagar a creche das crianças.

"Foi um período difícil de oito anos", dizia Nancy. "Eu estava sempre trabalhando ou indo à escola e não via muito as crianças. Mas pelo menos consegui comprar uma casa e oferecer uma vizinhança decente em que Hilary e Ben pudessem crescer. Se tivesse permanecido com meu marido em Miami, não saberia dizer onde poderíamos estar hoje. Ou em que condições. Burt estava sem emprego, era alcoolista e violento. Tinha um temperamento terrível e freqüentemente agia com violência física contra mim e as crianças. Resolvi sair junto com elas daquele lugar porque suspeitei que ele poderia tentar assediar Hilary sexualmente."

Mesmo tendo feito tudo isso por sua família, Nancy sentia-se responsável pelo fato de Hilary, naquele momento com dezessete anos, consumir heroína periodicamente e pagar pelo seu vício negociando pessoalmente com as drogas. Nancy baseava seu sentimento de culpa e remorso, sempre presente, em vários fatores. O primeiro era que não passou tempo suficiente com Hilary em sua casa durante os anos de formação da garota. O segundo era o histórico de uso de drogas por parte da família de Nancy, cuja tendência temia que tivesse sido transmitida para Hilary.

"E, ainda, há o pai de Hilary, que é um alcoolista", dizia Nancy.

Com relação a seu outro filho, Ben, Nancy sentia-se totalmente gratificada pela pessoa que ele havia-se tornado. De acordo com ela, estava bem ajustado, era alegre e um ótimo aluno no curso secundário.

"Ele me apóia muito", dizia Nancy. "Não sei o que teria feito se não fosse por ele. Também não passei muito tempo com ele durante sua fase de crescimento, mas, de alguma forma, ele conseguiu manter-se afastado das drogas. Eu não acho que o fato de ele ser tão positivo deva ser atribuído a mim. Por que, então, me sinto tão responsável por Hilary estar agindo de forma tão equivocada?"

Existem milhares de jovens como Hilary, dependentes de drogas. E milhares de pais como Nancy, dependentes de suas culpas. E eu também fui um deles.

Egoísmo e paternidade/maternidade

Os pais devem ser as criaturas mais egoístas de todos os tempos. Não é suficiente que seus filhos tenham o mesmo sangue; para os pais eles também devem ter os mesmos e exatos valores. É como se vissem seus filhos como um recipiente vazio no qual devem derramar um banco de dados completo, que será útil para esses filhos durante a vida toda.

O que muitos pais não entendem é que os filhos já saem do útero com um banco de dados completo que lhes pertence exclusivamente e estará totalmente operacional no momento em que o filho entrar na adolescência. E é esse banco de dados, e não os pais, que orientará o filho. É verdade que os pais têm maior influência sobre os filhos do que qualquer outra pessoa na face da terra – e podem até mesmo manter uma criança afastada das drogas. Mas isso ocorrerá somente se a influência deles estiver de acordo com a própria agenda pré-programada do filho e apenas se essa influência for forte o suficiente para fazê-los resistir às tentações que são apresentadas às crianças por outras fontes como seus colegas, a TV e a sociedade.

Se os pais descessem, por um momento, de seus pedestais de imponência, poderiam reconhecer que *cada pessoa cumpre seu próprio destino* – seja ele bom ou mau – em seu próprio tempo e de modo exclusivo. Como em todas as outras situações, quando se tratar do abuso de substâncias químicas, os filhos irão fazer o que acharem que devem fazer. Se não o fizerem hoje, o farão amanhã. Seja qual for a situação, é o filho que diz sim ou não às drogas – é uma escolha pessoal. E essa escolha, com suas conseqüências, é, enfim, uma responsabilidade do filho e de ninguém mais.

Muitos especialistas em pais e filhos discordarão dessa afirmação sobre a premissa de escolha/conseqüência. Aceitarão, entretanto, com bastante contentamento a idéia de escolhas e conseqüências positivas quando, por exemplo, um aluno aplicado sobressair-se na escola e obtiver vários tipos de recompensas. Por algum motivo, os pais desse filho admitirão que o desejo dele em concentrar-se nos estudos – uma escolha – o tenha conduzido a algo excelente – uma conseqüência. Porém, se esse mesmo filho fizer um outro tipo de escolha e começar a injetar heroína em suas veias, não será incomum os pais negarem que a maior parte das "conseqüências" pertence aos filhos. Preferirão colocar uma parte da culpa ou toda ela sobre si mesmos e no modo pelo qual educaram esse filho.

Admitindo que existe um problema

Na verdade, é muito doloroso para os pais admitirem para si mesmos, ou para qualquer outra pessoa relacionada ao assunto, que seus filhos possam estar tendo problemas com drogas. Para os pais é mais fácil alegar a participação nos problemas de seus filhos e admitirem realmente que a falha é deles.

Veja a seguir alguns pensamentos aleatórios que podem ocorrer aos pais que não conseguem associar muito bem a idéia de seus filhos estarem fazendo escolhas negativas e tendo de responder por elas.

1. Você está brincando? Como uma simples criança pode fazer essa escolha? Uma criança não tem nem experiência nem maturidade

para fazer escolhas. Uma criança não sabe o que está fazendo. E é isso que significa ser uma criança!

2. Fazer escolhas não é coisa para crianças; é para adultos. Por que atribuir a uma criança o fardo de ter de fazer escolhas?

3. Que trauma essa experiência deve ser para um filho jovem! Poderá arruinar toda a sua vida! Nós, seus pais, é que deveríamos ir para a cadeia e não ele!

Passei muitos anos tendo pensamentos como esses. Minha atitude era rigorosa. Eu afirmava que os pais eram responsáveis por todos os atos negativos cometidos por seus filhos. Argumentava que meus filhos não poderiam ser considerados responsáveis, pois eram o produto da criação que tiveram por parte dos pais. Se essa criação não foi perfeita, então eu, como pai, era o culpado.

Inversamente, as poucas vezes em que desejei abolir a visão não-realista (que percebi posteriormente como uma visão perigosa), de que todas as suas ações negativas eram decorrentes de minhas atitudes e que todas as suas qualidades eram decorrentes de suas próprias atitudes, ocorreram quando meus filhos fizeram algo de que eu gostei – assim como obter boas classificações ou chegar em primeiro lugar em uma maratona ou ajudar uma pessoa idosa a limpar o quintal. Nessas ocasiões, eu ficava propenso a dar-lhes *todos* os créditos. Afinal, eram as pessoas brilhantes que se haviam esforçado e tinham obtido excelentes resultados. Eu era simplesmente o pai orgulhoso.

Portanto, o que me fazia pensar que os mesmos cérebros brilhantes, capazes de realizar façanhas honradas e excelentes, não poderiam ser capazes de criar situações horríveis e desoladoras? Utilizamos a mesma quantidade de energia e, algumas vezes, a mesma genialidade para realizar os dois tipos de esforços. Em algumas situações, precisamos de mais inteligência para planejar e executar uma ação negativa do que precisaríamos no caso de uma ação positiva. Provavelmente foi esse modo de pensar ou essa falta de coerência que me manteve longe do reconhecimento de que alguns erros sérios estavam sendo cometidos por meus filhos.

A sorte de se tomar uma boa decisão

Em algum momento da vida, um filho faz uma escolha para viver uma existência saudável, construtiva e proveitosa ou, simplesmente, optar pelo oposto. A maioria dos pais não sabe qual caminho o filho vai escolher até que o fato se consuma. Entretanto, é mais fácil para os pais terem a convicção de que os filhos farão as coisas de forma correta, do que considerar todas as alternativas possíveis. E também elogiar o filho quando ele pratica uma boa ação, do que trazer para a superfície, no momento em que aflora um problema, todos os sentimentos emocionalmente densos que estão contidos no fato de se encarar a tendência ao vício de seus filhos.

Quando um filho faz algo que contradiz as mais altas expectativas de seus pais, esses pais podem optar por compor os fatos de tal forma que o impacto das ações do filho seja visto por uma luz bastante difusa. Isso é a negação entrando na área novamente. A negação é uma forma de enfrentar uma experiência dolorosa.

A transferência de culpa é outra forma. Por esse método os pais podem assumir a carga de responsabilidade e culpa que legitimamente pertence ao filho. Se puderem colocar a culpa em si mesmos pela posição em que o filho se encontra, não terão de se sentir tão terríveis. E, o mais importante, o filho ainda pode se apresentar para eles como um cordeirinho indefeso com um potencial ainda imaculado para o bem.

Quando meus filhos aderiram às drogas e ao álcool na fase da adolescência, criei meu próprio *kit* de sobrevivência ajustado às minhas necessidades, primeiramente com uma grande quantidade de negações e, em seguida, transferindo tudo que eu não pudesse negar para meus próprios e largos ombros (assim pensava que fossem). Via seus vícios e subseqüentes comportamentos estranhos nitidamente como minha culpa. Eu sentia que não os havia criado tão bem quanto to deveria, fato esse que, por sua vez, os teria conduzido a optar pelo uso das drogas. Que outra explicação poderia haver? Minha sensação, em geral, era de que havia "feito isso a eles".

Compartilhando a culpa com o dependente

Ao assumir toda essa responsabilidade eu estava convidando meus filhos a me impingir a maior parte da culpa. Quaisquer sentimentos que tivesse em relação a não ter sido um bom pai eram interceptados e usados contra mim sempre que possível. Ao apresentar-me como bode expiatório eu estava permitindo que meus filhos tivessem um ótimo alvo para sua raiva. Essa dinâmica, obviamente, retardou uma possível recuperação para eles. Quanto mais me culpassem, mais poderiam olhar para si mesmos como vítimas inocentes.

34

Para serem realmente capazes de definir tudo isso, os pais precisariam fazer uma viagem ao mundo interior. No fundo de suas mentes, eles acreditam que ainda têm a autoridade máxima sobre seus filhos. A autoridade tem muito peso quando as crianças são pequenas, mas à medida que crescem (e ficam mais espertas) a influência do poder dos pais diminui. Como pai, eu me outorgava um poder incomum. Incumbia-me não apenas de ser o pai dessas crianças, mas também de ser um deus para elas. Quando eram pequenos, correspondiam tratando-me como um deus. Ficavam ansiosos aguardando o meu retorno do trabalho à noite para que pudessem me entreter com as histórias de seus cotidianos. Parecia que eu era a pessoa mais importante de suas vidas e esse fato, cuja honra eu compartilhava com a mãe deles, era verdadeiro. Ninguém mais nos tratou daquela forma. Eu não apenas gostava daquilo, como fiquei acostumado com aquele tratamento, mas achava que iria durar para sempre. É desnecessário dizer que não durou.

Então, como alguns filhos se tornam dependentes?

Os pais podem dar a seus filhos todas as vantagens possíveis, todo o amor e proteção e toda a orientação que qualquer criança possa requerer e essa criança ainda poderá tornar-se uma pessoa anti-social, mal-agradecida, sem consideração e não ter princípios morais. Do mesmo modo, os maus pais podem ser agressivos e não dar apoio ao filho e ainda assim gerar um presidente dos Estados Unidos. Algumas das pessoas mais eminentes tiveram antecedentes horríveis, enquanto outras classificadas entre as mais negativas e infames da face da terra foram o produto de pais amorosos, que deram apoio e se esforçaram para fazer o melhor por seus filhos. Isso mostra que a influência paterna/materna não tem tanto poder assim.

Quando, pela primeira vez, percebi que minha responsabilidade como pai tinha um limite, senti-me verdadeiramente confuso. E, em seguida, livre. A partir daquele momento pude perceber que minhas ações anteriores apenas serviram para manter a meus filhos e a mim presos em uma situação na qual todos estávamos sufocados.

Do mesmo modo que os pais podem ser muito influentes durante os primeiros anos de vida de seus filhos, existe uma época em que essa influência passa a ser exercida pelo grupo de colegas. Isso ocorre quando o filho começa a dispersar-se em interesses totalmente alheios aos dos pais. Como parece fácil para as famílias das comédias de costumes da televisão permanecerem inabaláveis diante das situações mais devastadoras ou demonstrarem amor e afeição um pelo outro quando existe um grande conflito entre eles. Na vida real, não temos roteiristas externos para remediar todas as aflições da família. Somos nossos próprios roteiristas, temos de assumir a responsabilidade por todas as nossas palavras e ações, mas não pelas palavras e ações dos outros, mesmo sendo nossos filhos.

Em algum lugar da mente de um pai ou de uma mãe sempre existem essas perguntas: Eu fiz isso aos meus filhos? Se tivesse sido um pai (ou uma mãe) melhor – mais cuidadoso, mais gentil, mais forte, intuitivo, saudável, compassivo e centrado – meus filhos não seriam menos propensos a usar drogas, tomar bebidas alcoólicas, tornarem-se violentos e arrumarem problemas com a lei e na escola? Teriam sido indivíduos mais motivados, mais aplicados e mais saudáveis?

Não há garantias. A maioria dos pais não tem noção do que seus filhos se tornarão... até eles se tornarem. Há muitos filhos que, por causa da dor profunda que sentem por seus próprios defeitos, encontram consolo acusando seus pais pela situação em que se encontram. Eles se queixam incessantemente sobre o modo pelo qual seus pais lhes fizeram isso e aquilo. Queixam-se pelo modo como os pais os transformaram em indivíduos neuróticos, com propensão à bulimia, descontentes, bêbados e desqualificados.

E da mesma forma que existem muitos filhos fazendo essas acusações, existem pais correspondentes que admitem tudo isso, aceitando sem questionar os julgamentos e as condenações. O ato de acusar os pais por todos os infortúnios que ocorrem com os filhos tornou-se um esporte popular. Com os pais sendo as presas fáceis.

Nenhum pai/mãe é completamente isento/a de culpa

Obviamente, cada um dos pais deve consultar seu coração para saber se existe alguma evidência que comprove as acusações de seu filho. Em algumas circunstâncias, todos os pais sempre cometem atos que acabam prejudicando seus filhos. Dar umas palmadas pode ser interpretado como um ato prejudicial. Elevar a voz pode ser considerado como prejudicial. Depreciar um filho ou diminuir sua autoconfiança de algum modo pode ser considerado prejudicial.

O estudo dos sentimentos fornece aos pais confusos algumas verdades pertinentes. E uma dessas verdades pode ser o fato de você não ter sido um pai ou uma mãe exemplar. Talvez tenha sido impaciente com seus filhos ou insensível às suas necessidades ou não tenha passado tempo suficiente com eles ou não lhes tenha dedicado a afeição de que necessitavam. Existem muitas questões relacionadas a esse assunto que podem levá-lo a uma autopunição, tardiamente. Ou você pode adotar uma postura mais inteligente e olhar para o passado e para a pessoa que foi naquele período de sua vida e perceber que essa pessoa era alguém que não possuía muito conhecimento a respeito de si mesmo ou de seus filhos como atualmente.

As pessoas mudam. Podemos conservar certas crenças e atitudes, mas todas as outras coisas se transformam radicalmente. Como um pai jovem, eu era devotado a meus filhos, mas também era imaturo. Houve momentos em que possivelmente eu perdi a paciência com eles e não lhes forneci a orientação de que necessitavam. Será que hoje eu agiria de modo diferente? Obviamente que sim. Mas minhas ações influenciaram meus filhos a ponto de levá-los a se tornarem dependentes? Meus próprios pais teriam sido os responsáveis pela pessoa que sou hoje? Sei que isso não é verdadeiro. Quaisquer problemas que tenha tido na vida foram de minha inteira responsabilidade. Posso ter sido influenciado por determinadas experiências negativas que ocorreram durante minha infância, mas não posso afirmar que meus pais "fizeram isso comigo".

Uma maneira de não assumir a responsabilidade alheia como própria é seguir adiante e encarar a culpa de frente. Exatamente como os filhos dependentes usam a culpa para evitar o fato de encarregarem-se das próprias vidas, os pais assumem essa culpa como um modo de evitar o fato de analisarem as suas.

Conheço pessoas cujos pais não eram exatamente um casal modelo de harmonia e conseguiram superar suas origens e progredir. Isso indica que não são sempre os pais que conduzem o filho a optar por um estilo de vida negativo ou positivo, no que se refere a esse assunto. Mais precisamente, é o filho que escolhe seu próprio caminho. Ao ver as coisas desse modo, os pais que lerem este capítulo poderão, pelo menos, considerar a possibilidade de não terem tido essa influência Toda Poderosa nas vidas de seus filhos.

Uma opinião como essa pode aborrecer alguns pais. Mas também pode permitir que outros analisem a situação de uma perspectiva imparcial.

Impondo disciplina a seus filhos: você poderia ter feito isso de uma forma melhor?

As crianças precisam ter disciplina e é apenas assim que funciona. É fácil olhar para trás e analisar-se para saber se você foi uma pessoa muito disciplinadora. Ou se aplicou pouca disciplina. Ou, ainda, se utilizou todos os métodos errados, como, por exemplo, o espancamento. Ou se aboliu as sobremesas dos filhos. Ou se não permitiu que o filho brincasse com os amigos.

Quem sabe qual forma de punição está correta? Recordo-me de um dia, no mês de agosto, quando meus filhos estavam com sete e oito anos de idade, respectivamente. Eu estava trabalhando no escritório de minha casa quando os ouvi discutindo alguma coisa do lado de fora. Eles entraram no escritório com uma proposta.

Como a minha forma de impor disciplina era obrigá-los a escrever várias linhas dizendo: "Eu não farei mais isso" e "Eu não farei mais aquilo" e, sendo essa uma tarefa que consumia bastante tempo e os impedia de ficar com seus amigos, decidiram que talvez pudessem mudar o esquema das coisas.

"Em vez de nos dar tantas linhas para escrever o tempo todo", perguntaram em uníssono, "você não poderia... apenas nos dar uma surra?"

O que isso mostra realmente é que tentar fazer as coisas da forma correta nem sempre funciona.

Duas maneiras, que provavelmente funcionariam, de manter seus filhos longe das drogas

A primeira é sair e encontrar alguém com uma aparência bem forte, a mais ameaçadora possível, semelhante à de um ex-lutador e contratá-lo para tomar conta de seus filhos durante horas por dia. Obviamente você terá de remunerá-lo com um salário considerável e ainda dispor de um cômodo para essa pessoa se instalar e tomar banho e também fornecer sua alimentação (e sua previdência social), mas as recompensas serão imensas. Com essa pessoa o tempo todo atrás deles, seus filhos terão de ir à escola e fazer os deveres de casa. Eles não terão um momento vago para injetar drogas em suas veias e se não quiserem se entender diretamente com "Rocky, o Lutador", terão de respeitar você.

A segunda maneira é levá-los para um lugar bem longe, onde não existam drogas ou más influências. Ângela Lansbury tomou essa atitude em relação ao seu filho dependente e funcionou. A pergunta é se ainda existem lugares assim no planeta Terra atualmente?

Como você era quando criança?

Para entender as tentações que um filho enfrenta todos os dias, experimente voltar no tempo e pensar na época em que você estava com doze ou treze anos. O crack e a cocaína não representavam uma ameaça constante, mas a maconha, o álcool e os cigarros, sim. Poderia dizer honestamente que você, seus amigos e colegas de escola nem sequer experimentaram algumas dessas substâncias químicas?

Mesmo com a orientação atenta dos pais, a maioria dos jovens experimentou algum tipo de substância química, mesmo que por um breve período de tempo. Você fez isso; seus filhos também o fizeram.

Conversar consigo mesmo: experimente fazer isso

Uma maneira muito boa de iniciar o caminho da compreensão e da verdade a respeito disso tudo é analisar a si próprio. Faça a si mesmo algumas perguntas referentes ao modo como você criou seus filhos.

Uma das perguntas poderia ser: Alguma vez resolvi prejudicar meu filho intencionalmente? Outras perguntas que poderia fazer a si mesmo são:

1. Eu me culpo pelas ações negativas de meus filhos?
2. Permaneci ao lado de meus filhos durante o crescimento deles, mas sem deixar que sofressem as conseqüências de suas ações?
3. Suas ações tiveram reflexo em minha vida e em minha felicidade? Quando estavam com problemas eu me negava o fato de viver uma existência agradável, tranqüila e de forma prazerosa? Mais precisamente, a qualidade de minha vida aumentava e diminuía de acordo com a forma em que meus filhos agiam?
4. Encontrei alguma ligação entre as características de comportamentos, atitudes e vícios de meus filhos e seus antecedentes hereditários? E, se encontrei, culpei-me por esse fato – mais do que por todas as outras coisas?
5. Eu acho que devo sofrer porque meus filhos também estão sofrendo? Seria essa uma síndrome do sofrimento que precisa de companhia?

6. Pensando dessa forma, melhoro ou pioro a situação?
7. Eu realmente desejo resolver o problema ou, ao assumir a responsabilidade pelo comportamento prejudicial e inadequado de meus filhos, estou simplesmente me impondo um fardo mais terrível?
8. Tenho medo de me libertar da culpa que sinto com relação aos meus filhos? Eu viveria de uma forma pior se o fizesse? Ou será que mesmo me sentindo mais amedrontado não viveria melhor?
9. Realmente acho que tenho tanto poder para influenciar meus filhos, de forma tão intensa, a ponto de conduzi-los a fazer coisas terríveis consigo mesmos? Há alguma chance de que eles possam estar agindo por sua própria conta nessas questões? Sem a minha influência?
10. O que faria de minha vida se meus filhos de repente retomassem o caminho correto, exatamente do modo que eu gostaria que fizessem? (Essa é uma idéia assustadora para algumas pessoas.)

Essas são apenas algumas perguntas que poderiam surgir em uma boa conversa consigo mesmo. As respostas poderão surpreendê-lo de modo favorável para que você possa finalmente abandonar a tendência masoquista de punir-se pelos atos equivocados de seus filhos.

3 As expectativas e por que é perigoso tê-las

A HISTÓRIA DE KIMBERLY E MARK. A sala de lazer da casa de Kimberly e Mark era uma confusão habitual composta por mobília fora de lugar, TV, som estéreo, mesa de sinuca, vários objetos extravagantes espalhados pelo quarto ou pendurados nas paredes e ainda um trampolim num canto. Dava a impressão de que a qualquer momento um grupo de adolescentes fosse invadir o quarto e mergulhar no sofá, já tão surrado, para assistir a um jogo de futebol na TV.

Mas não há adolescentes nesse quarto. *Existem* fotografias espalhadas mostrando, particularmente, um jovem que tem uma impressionante semelhança com Mark. Ele possui o mesmo volume de cabelo ruivo e o mesmo sorriso largo e assimétrico. Esse, eu deduzi, seria Alex, o filho de dezenove anos cujo potencial, que já foi muito elevado, encontra-se atualmente destruído pelo uso de drogas.

Alex está entre aqueles ex-dependentes que raramente são trazidos ao conhecimento público: os jovens que atualmente sofrem de várias incapacidades físicas e mentais decorrentes do infortúnio causado pelo uso de drogas muito potentes. Alguns, como Alex, estão em um estado considerado quase vegetativo e ficarão internados em instituições pelo resto de suas vidas.

Eu peguei a fotografia de Alex e fiz algumas perguntas sobre ele. Quando ouviram mencionar o nome de seu filho, Kimberly e Mark pareceram angustiados. Era óbvio que, se por um lado, Alex não sentiria mais dor, Kimberly e Mark provavelmente iriam senti-la para sempre. Minhas perguntas me conduziram diretamente ao motivo pelo qual eu estava na casa deles: conversar a respeito de como lidaram com a tragédia do filho.

Mas primeiro perguntei a eles que expectativas tinham com relação ao filho antes de ele ter aderido às drogas.

"Eu penso que possuía muitas ambições com relação a Alex", respondeu Kimberly. "Eu vim de um lar muito infeliz e prometi para mim mesma que meus filhos teriam uma vida doméstica realmente amável e carinhosa e que faria contínuos e maravilhosos planos para suas vidas. E também, em decorrência de problemas de saúde, só pude ter esse filho, em quem depositei todas as minhas esperanças."

"Eu também esperava muito de Alex", disse Mark. "Atualmente, eu me conformaria apenas em ter um filho que estivesse situado na condição média dos jovens, mas Alex mostrava esperteza e uma inteligência brilhante. Portanto nós lhe impusemos uma certa pressão enviando-o para uma escola especial, entre outras coisas. E lá estávamos nós, esperando que Alex fosse uma pessoa de grandes realizações. Nem Kimberly nem eu percebemos o quão transtornado ele havia ficado quando estava na faixa dos treze anos. Foi nessa época que Alex se envolveu em problemas ao ser pego junto com outros jovens fumando maconha em seus dormitórios. Como esse era seu primeiro delito na escola, ele foi liberado com um aviso bastante rigoroso."

"Isso aparentemente não significou nada para Alex", exclamou Kimberly. "O fato subseqüente de que soubemos era que Alex estava arranjando problemas novamente. E dessa vez eram as drogas. Ele passou a ficar sob observação e foi avisado de que se ocorresse mais um incidente seria expulso. Não sabíamos o que fazer para colocá-lo novamente no caminho certo. Nós o levamos a um psicólogo especializado em crianças e isso também não ajudou. Então, ele foi expulso e após essa expulsão foi para um centro de reabilitação. Eu realmente pensei que ele teria uma chance quando saísse do centro de reabilitação. Mas em menos de 24 horas ele voltou para as drogas. Isso ocorreu depois de ele ter passado um ano no centro de reabilitação, nesse período, dedicou-se brilhantemente aos seus deveres escolares e aparentava estar determinado a permanecer longe das drogas quando saísse de lá. Você sabia que 60% de todos os jovens que saem de centros de reabilitação voltam para as drogas?"

"Então", disse Mark, "exatamente algum tempo antes do aniversário de dezesseis anos de Alex, aconteceu o pior. Pelo que soubemos, o incidente foi provocado por um crack que continha uma cocaína de má qualidade – se é que podemos dizer que existe alguma cocaína de 'boa' qualidade. Nós não sabíamos que Alex estava usando esse tipo de substância. Mas se tivéssemos prestado mais atenção teríamos suspeitado, porque na época ele estava incrivelmente hostil e bastante estranho. A escola já era coisa do passado e se recusava a ir ao médico. Nós também estávamos nos sentindo muito confusos com tudo o que estava acontecendo. Uma certa noite, havíamos saído para jantar com alguns amigos e quando voltamos, encontramos Alex exatamente nesta sala de lazer, sem poder mover-se ou responder. Ele estava caído e talvez tenha-se sufocado com seu próprio vômito da mesma forma que ocorreu com Jimi Hendrix."

Kimberly e Mark ficaram comovidos ao me contarem a história do filho deles, mas então se lembraram de que essa entrevista era sobre eles e não sobre ele. Perguntei-lhes de que modo o fato de Alex ter usado drogas havia afetado a sua felicidade, segurança e motivação.

Eu não sei se essa era a primeira vez que Kimberly e Mark estavam refletindo sobre essa pergunta, mas pude perceber que estavam tentando encontrar as palavras certas.

"Eu simplesmente deixei de viver", disse Kimberly, "só fazia as coisas essenciais, que eram as compras da casa e o preparo dos alimentos, mas além disso já não me interessava em procurar nenhuma novidade ou fatos agradáveis em minha vida. Estava muito preocupada e achava que se Alex não estava em condições de viver sua vida, então certamente também não seria justo que eu vivesse a minha. Sentia que se tentasse prosseguir ou se procurasse ficar bem, estaria de algum modo traindo meu filho que nunca mais ficaria bem novamente."

"E você pode ter certeza de que o mesmo acontecia comigo também", disse Mark. "Eu me sentia culpado por ter um bom relacionamento com Kimberly. Na verdade, ficamos separados algumas vezes por causa de tudo o que aconteceu, mas sempre voltávamos a ficar juntos novamente, graças a Deus. Em termos profissionais eu comecei a sabotar tudo o que estivesse relacionado com meu trabalho – o fato de ter êxito estava me deixando nervoso. Eu havia tido tantas expectativas de sucesso com relação ao meu filho que fiquei emocionalmente abalado quando ele começou a destruir sua vida. Não conseguia lidar com isso."

"Essa foi a parte mais difícil para Mark e para mim", disse Kimberly. "Como todos os pais, havíamos feito planos sobre muitas coisas. E, então, percebemos que nenhum deles jamais seria realizado. Não haveria mais a possibilidade de uma vida adulta normal para nosso filho – ele não iria receber o diploma do ensino médio ou participar de um baile de formatura ou mesmo ter uma carreira. Percebemos que iria simplesmente viver o resto de seus dias naquela instituição. Se você for vê-lo, perceberá que parece bem fisicamente – mas seu cérebro parece não funcionar. Quando vamos visitá-lo, não nos reconhece e também não reconhece nada a sua volta. Ele apenas permanece sentado e fica olhando fixo para o vazio. Pelo que sabemos, pode viver até uma idade bem avançada nessas condições. Obviamente, não estaremos por perto. Mas a vida continua. Eu choro com menos freqüência, mas ainda choro quando penso em Alex. Lamento por tudo que não houve e por tudo que não mais haverá. Choro por Mark e sua dor e choro por minha própria dor. Mas acho que Mark e eu estamos suportando tudo da maneira previsível em uma situação dessas. Penso que muita vida foi perdida, não apenas a de Alex, mas a de Mark e a minha própria vida. Eu diria que ter expectativas com relação a um filho é, na melhor das hipóteses, uma questão muito delicada. E nos dias de hoje, com as drogas por aí, disponíveis de forma tão intensa e com as vidas dos jovens sendo arruinadas e as famílias sofrendo tanto, nos sentimos muito tristes. Nós já aceitamos que, a menos que haja um milagre, Alex nunca mais voltará para nós. Ele não está morto, mas é como se estivesse. E esse é um fato que temos de enfrentar."

"O que havíamos imaginado para Alex fazia parte de nossos sonhos", disse Mark. "Não tinha nada a ver com a realidade. Estamos fazendo terapia, o que ajuda muito. Kimberly e eu precisamos resolver a raiva e os ressentimentos que sentimos, um em relação ao outro, mas estamos desejando fazer isso. Não sei por que, mas nada saiu da maneira que havíamos pensado. Eu ainda tenho de me convencer, dialogando comigo mesmo todos os dias só para sair da cama. Para os pais que estão na mesma situação que nós, gostaria de dizer que é muito importante que não pautem suas vidas naquilo que seus filhos façam ou deixem de fazer e em tudo aquilo que eles alcancem ou deixem de alcançar. E também não baseiem suas vidas no fato de um filho ou uma filha estarem se prejudicando pelo uso de drogas, álcool ou problemas derivados de atitudes negativas. Todos os pais possuem expectativas em relação a seus filhos – alguns são realistas, mas a maioria não é. Os pais não seriam humanos se não tivessem essas expectativas. Entretanto, se se entregarem ao sofrimento quando um filho estiver com tendências negativas à autodestruição, não estarão apenas se privando da possibilidade de ter felicidade e contentamento, mas também se negando a oportunidade de estarem disponíveis para os demais membros de sua família – e isso significa disponíveis um para o outro e também para os outros filhos que ainda precisam deles."

As histórias de Kimberly e Mark são semelhantes a muitas outras. Tenho escutado durante todos esses anos histórias de pais cujas esperanças em relação aos seus filhos jovens foram frustradas. E, obviamente, a minha também é muito semelhante a essas.

Três tipos de expectativas

À medida que meus filhos foram crescendo, tive três tipos de expectativas. O primeiro referia-se às expectativas de que meus filhos crescessem alcançando muitas vitórias para si mesmos e, quando adultos, tivessem toda a felicidade e sucesso profissional que mereciam.

Então, quando as drogas entraram no cenário que eu havia imaginado e vi meus planos originais sendo destruídos, tive expectativas de que meus filhos retornassem para o caminho certo e de que ainda pudessem usufruir uma vida feliz e útil. Eu ainda estava confiante.

Finalmente, quando percebi que isso não iria acontecer, vieram as expectativas "perigosas" que continuei a alimentar, imaginando que mesmo após numerosos desapontamentos, "dessa vez" seria diferente. Obviamente, nunca foi. Era como se eu não tivesse a capacidade de aprender com a experiência. Ou, talvez, não pudesse encarar a verdade. Evidentemente estava preso às minhas expectativas e lutando com a realidade.

Acho que essas expectativas foram a verdadeira causa de minha frustração, dor e desapontamento. Se não tivesse alimentado expectativas tão intensas, teria tido uma visão mais racional com relação à forma de reparar essa situação tão difícil. Mas, então, teria de me desfazer de todos os sonhos que havia imaginado para os meus filhos e mantido em meu coração por tantos anos. E isso, obviamente, eu não desejava fazer.

A maioria dos pais que entrevistei teve expectativas relacionadas ao fato de seus filhos terem um ótimo desempenho na escola, obterem o diploma da universidade (se possível com louvor), desenvolverem excelentes carreiras e conseguirem ótimos empregos, atraírem os colegas adequados e darem aos seus pais lindos netos. Havia também expectativas de que seus filhos ganhassem muito dinheiro e obtivessem recompensas prestigiosas em todas as áreas particulares de suas vidas. E, quem sabe, até ajudassem a humanidade.

Esses pensamentos louváveis permitem que uma grande parte dos pais tenha a confiança de saber que seus filhos estão seguros e felizes. Segurança e felicidade, descobri, encabeçam a lista de tudo o que os pais zelosos desejam para seus descendentes. Só o fato de saber que um filho poderá arranjar um bom emprego permite que possam respirar mais livremente. Quando sentem que um filho não está feliz ou percebem que não está, ainda que remotamente, engajado nas coisas boas da vida, esses pais passam por uma preocupação e tensão tão intensas que geralmente lhes causam também muita aflição e dor. E é assim que os pais se comportam.

Mas, de onde vêm essas expectativas?

Quando meus filhos nasceram, transferi (erroneamente) para eles muitos sonhos e desejos que havia imaginado para mim. Criei para eles um estilo de vida que eu, se fosse criança, teria adorado. Meu objetivo era proporcionar-lhes uma infância tão feliz que servisse de apoio quando crescessem ou, posteriormente, quando se tornassem adultos. Poderiam olhar para o passado e relembrar a infância perfeita que tiveram. Eu estava tentando prepará-los para que se sentissem bem consigo mesmos, tivessem autoconfiança e para poderem carregar esses sentimentos para a vida adulta. Tinha expectativas de que todo o amor, esforço, tempo, preocupação e planejamento que havia despendido com eles seria retribuído pelo fato de que se tornariam adultos felizes e bem ajustados e se sentiriam bem com relação a si mesmos e ao mundo.

Quando esses objetivos desejados não se materializaram e percebi que meus filhos estavam fazendo exatamente o oposto do que havia previsto para eles, fiquei chocado e surpreso. E, apesar de tudo isso, ainda me agarrava a essas expectativas. Eu não havia entendido a mensagem. Não conseguia aceitar o caminho trágico que estavam trilhando, mas, mais do que isso, não conseguia aceitar o fato de que as expectativas que eu possuía em relação aos meus filhos só pertenciam a mim e a ninguém mais. Conforme aprendi, com o passar dos anos, os pais não podem forçar um filho a pensar da mesma forma que eles pensam, especialmente se aquele está sob influência das drogas. Meus filhos negaram todo e qualquer plano que eu tenha feito para suas vidas.

Toda orientação, atenção e afeto do mundo não poderiam tê-los dissuadido a deixarem de seguir o caminho que escolheram. Em um breve período de sua adolescência eu ainda exercia muito poder sobre eles. Poderia insistir para que fossem à terapia, que obedecessem às regras e aos limites que havia em nossa casa e nos momentos em que se excediam nos vícios eu conseguia fazer com que freqüentassem os centros de reabilitação. Entretanto, todos esses esforços foram inúteis. Eu esperava que acontecessem milagres e descobri, após passar anos tentando desesperadamente resolver a situação, que não havia tido enfim nenhum progresso. Em vez de melhorar, a situação piorava. Por exemplo, um dos meus filhos esteve em um centro de reabilitação. Durante algum tempo parecia que estava reagindo ao tratamento, mas quando saiu permaneceu apenas alguns dias sem consumir drogas e, em seguida, começou a se drogar novamente.

Se eu tivesse observado a série de ocorrências que estava conduzindo nossa família a uma tragédia, com algum senso de racionalidade ou objetividade, poderia ter percebido que minhas perspectivas referiam-se àquilo que desejava para meus filhos e não ao que eles desejavam para si próprios. Em minha própria juventude, rebelei-me intensamente contra as coisas que meu pai havia desejado para mim – mas, na verdade, queria trabalhar para alcançar minhas próprias metas. Obviamente, naquela época a situação era diferente – na escola, nós ainda respeitávamos nossos professores, as armas não estavam tão presentes e as drogas não faziam parte da vida escolar. Era um mundo mais seguro no qual podíamos sonhar.

Eu não sentia nenhum tipo de curiosidade ou preocupação com o que meus filhos realmente desejavam com relação a seu futuro. Havia feito planos imaginando-os freqüentar as mais conceituadas universidades e estudando direito ou medicina. Nesses dias eu estava atento ao relógio. Estava consciente de que os jovens precisavam empenhar-se muito para poderem se sobressair mais rapidamente na vida, tendo em vista um cronograma muito rigoroso. Visualizava meus filhos participando dessa corrida pelo sucesso com muita confiança, acompanhando e mesmo superando seus melhores concorrentes, recebendo os mais elevados méritos escolares e oportunidades profissionais recompensadoras.

Mas, mais do que isso, desejava que eles estivessem satisfeitos, que realmente aproveitassem a juventude e a usufruíssem ao máximo. Desejava que eles tivessem aventuras – praticando caminhadas no Himalaia, passeando pela Europa ou trabalhando no ramo de negócios de petróleo no Alasca. Queria que tivessem bons amigos e que essas amizades durassem a vida toda. Eu queria...

O que realmente ocorreu foi uma história completamente diferente. Um filho abandonou a escola aos catorze anos, sem condições de lidar com as drogas e com a álgebra ao mesmo tempo. O outro terminou apenas o secundário, mas pelo menos concluiu-o. Posso considerar isso como um sucesso para ele, uma vez que aparentemente já estava aderindo às drogas.

Minhas expectativas, que eram as mais elevadas no início, desceram para o seguinte nível: "Será que eles concluirão a faculdade nessas condições?", ou "Será que eles concluirão suas adolescências?", ou, ainda, "Será que eles concluirão o dia de hoje?"

Quando as expectativas não se materializam

No início da espiral que os conduzia para baixo, eu tinha uma série de sentimentos que misturavam raiva, frustração e confusão. Não sabia como lidar com meus filhos, comigo mesmo ou com minhas expectativas. A curva de aprendizagem que me conduziria do estado de ignorância ao de informado estava ainda no meu futuro. Quanto aos meus filhos, estavam totalmente alheios a tudo o que eu sentia, uma vez que viviam sempre sob o efeito das drogas.

Para me libertar, finalmente tive de ver as coisas como realmente eram. Reconheci que, por mais que desejasse, não poderia "resolver" a situação. Reconheci que o simples ato de ver meus filhos desperdiçarem seus dias e anos consistia em um julgamento exclusivamente meu. Em algum momento da vida confundi o fato de ter ajudado na criação de meus filhos com o de tentar controlar suas próprias criações. Sem dúvida, não estavam vivendo de acordo com minhas expectativas, mas isso fazia com que estivesse certo e eles errados? Havia uma nítida possibilidade de que não conseguissem abandonar seus vícios. Eu seria capaz de aceitar isso? Eu tinha outra opção a não ser aceitar isso?

Qualquer que fosse o futuro que me esperava, sabia que precisava me desprender completamente (ou tão completamente quanto possível) daquilo que meus filhos estavam fazendo. Precisava reunir todos os sonhos, aspirações e expectativas que tivesse tido em relação a eles e renunciar a tudo isso. E, mais ainda, precisava deixá-los ir embora. Ao concluir que esses sonhos, aspirações e expectativas pertenciam unicamente a mim, como poderia continuar a ficar desapontado com meus filhos por não os estarem realizando?

Ter expectativas pode resultar em danos físicos

Um problema contínuo que criava constantes desassossegos em casa era a tendência de meus filhos para praticar atos violentos – a maioria deles expressa na forma de ameaças verbais. Quando não estava por perto, essas explosões eram sempre marcadas pela destruição da mobília e dos itens domésticos. De crianças brilhantes e adoráveis, na puberdade, pareciam ter-se tornado indivíduos explosivos – uma transformação que eu via originalmente como a passagem para a adolescência. Entretanto, à medida que o tempo foi passando, percebi que, em virtude do efeito das substâncias químicas que já estavam presentes em seus corpos, poderia ser realmente perigoso permanecer perto deles. Isso não significa que não soubesse como me defender, apenas sentia que não poderia utilizar medidas defensivas – algumas das quais havia aprendido na Marinha e eram muito eficientes – contra meus próprios filhos.

O mundo é um lugar seguro para os pais?

Felizmente, nunca fui submetido a esse tipo de prova, embora saiba de muitos pais que já sofreram lesões físicas por parte de seus filhos jovens. Algumas mães e alguns pais já foram seriamente agredidos e ficaram hospitalizados. E existem ainda os que foram assassinados pelos filhos – um fenômeno que aumenta cada vez mais, conforme tem sido relatado nos noticiários noturnos e nos jornais.

Durante anos eu vivi sob a ameaça de violência. Havia uma evidência tangível desse fato, que surgia de tempos em tempos, especialmente quando me expressava de modo mais contundente sobre a forma com a qual eles estavam conduzindo suas vidas. Por muitas vezes tive de abrandar um ataque violento, persuadindo-os com muita calma. Era óbvio para mim que não estava sendo ameaçado exatamente por meus filhos, mas sim pela influência das drogas e das bebidas alcoólicas que estavam usando.

Durante a maior parte dos anos difíceis que vivi e até o momento em que consegui dizer um "basta" e abandonar meus filhos, mantive a esperança de que a qualquer momento poderiam mudar, tornar-se normais, agir de forma positiva, tornar-se entusiasmados e motivados e ter respeito por si mesmos e pelos outros. O que, obviamente, nunca aconteceu. Nada disso fazia parte da programação deles.

Enquanto isso, meu casamento estava fracassando. Minha esposa não conseguia encarar o fato de nossos filhos estarem usando drogas e também não conseguia expressar dor ou raiva de nenhum modo efetivo. Nossos filhos haviam nitidamente causado a ela muito desapontamento. Se eu alimentava certas expectativas em relação a eles, ela alimentava muito mais. Ela lhes dedicou muito amor, atenção e lhes deu orientação enquanto estavam crescendo, mas não conseguiu lidar com a situação terrível pela qual estava passando nossa família naquele momento. Só havia uma saída para sua infelicidade e eu me tornei essa saída.

As frustrações podem destruir os relacionamentos

Se os pais não conseguirem solucionar as causas de sua infelicidade com as partes envolvidas, isto é, seus filhos problemáticos, eles se voltarão para a mais próxima e melhor fonte: eles mesmos. Nesse caso, condenações e culpa serão a ordem do dia. Eu li em algum lugar que quando um filho morre, em 40% dos casos, os pais se separam ou se divorciam no prazo de um ano. Uma porcentagem igualmente elevada de pais se separa quando as expectativas que alimentavam em relação aos seus filhos não se materializam e esses pais, por sua vez, deparam com a dor e os aborrecimentos.

Portanto, as expectativas podem não apenas destruir a saúde e a carreira de uma pessoa, mas também os relacionamentos de pessoas que poderiam passar o resto de suas vidas juntas. Os pais que deixam de ver seus parceiros como seus melhores amigos, que deixam de apoiar seus parceiros quando surgem brigas, provavelmente agirão da mesma forma quando surgir uma crise provocada por um filho que esteja com problemas. Seguindo o mesmo raciocínio, os pais que não concordam com o modo pelo qual seus parceiros estejam lidando com a crise provavelmente irão romper o relacionamento.

As expectativas podem causar muito dano em um dos pais que esteja vulnerável ao desapontamento e suas conseqüências. Descobri que ser um "viciado em expectativas" é algo parecido com o fato de se possuir uma doença terrível. E, exatamente como todas as outras coisas consideradas potencialmente fatais, isso pode ser eliminado da noite para o dia. Esse problema precisa ser entendido e tratado. Quando percebi pela primeira vez a sua seriedade, tive de respirar profundamente e, em seguida, renunciar às expectativas que havia alimentado em relação ao que meus filhos estavam fazendo – sem me importar se eram coisas boas ou más. As más notícias eram freqüentes e sempre tinham um efeito devastador. Mas as boas também podiam ser, do mesmo modo, devastadoras quando eventualmente se transformavam em más notícias novamente, fato que inevitavelmente ocorria. Portanto, deixei de me envolver nos problemas que meus filhos arranjavam. Decidi que para manter minha saúde estável, deveria deixar meus filhos terem seus próprios problemas e resolvê-los (ou não) por sua própria conta.

Suspendendo o julgamento – indefinidamente

Então aconteceu a parte mais difícil. Eu tive de perder o hábito de fazer julgamentos sobre o modo pelo qual meus filhos estavam conduzindo suas vidas. Precisava ficar atento a mim mesmo e às minhas reações não apenas diariamente, mas em todas as horas do dia. No início não conseguia seguir à risca a minha decisão. Por exemplo, podia passar um dia inteiro sem me sentir triste por meus filhos estarem desperdiçando suas vidas – e, em seguida, "perder essa sensação" em decorrência de uma ligação telefônica de algum deles me contando sobre algum desastre recém-ocorrido. Passei muitos dias, semanas e meses me sentindo dessa forma, antes de começar a ter algum alívio. E, então, o processo começou a funcionar: como um apoio emocional que podia me fazer resistir aos choques mais recentes. Junto com esse recurso emocional, começava a chegar também o fim de minha síndrome de expectativas que me havia mantido em um contínuo estado de paralisia durante tantos anos.

Comecei a ver meus filhos como pessoas que faziam parte de um mundo composto também por outras pessoas e que estavam assumindo suas funções na vida. Em vez de pensar neles como os filhos jovens de outrora, comecei a vê-los como eram no presente. Não havia muitas características que indicassem que haviam sido esses filhos jovens. As expectativas que mantivera estavam associadas a eles, mas do modo como haviam sido e não como estavam no momento. E por mais que esse fato me entristecesse, precisava admitir para mim mesmo que aquelas "crianças" tinham ido embora para sempre. Existiram durante algum tempo e me proporcionaram muita alegria, mas já não havia mais nenhuma característica deles. Meus filhos agora eram estranhos recém-crescidos. Eu os amava e mesmo assim não os conhecia. Não podia mais conhecê-los do mesmo modo como foi possível no passado e também não podia mais me referir a eles como filhos pequenos.

Mesmo se não tivessem a dependência química, seria pouco provável que pudesse conhecê-los como anteriormente. As crianças crescem. E algumas vezes isso ocorre muitos anos antes de seus próprios pais crescerem.

Descobri que a transição que nos transforma de "pais obsessivos com expectativas" em "simplesmente pais" é a mais difícil que já enfrentei. Mas, quando comecei a viagem sobre essa longa ponte, descobri também uma liberdade extraordinária. E isso ocorreu porque as escolhas que meus filhos faziam para eles já não influenciavam mais aquelas que fazia para mim mesmo. Eles podiam beber e usar drogas ou freqüentar programas de recuperação conforme decidissem. Eu via essas atitudes como decisão deles – sem expectativas de minha parte. Para pais que ainda não alcançaram esse nível de conscientização, posso fazer algumas sugestões que descrevo a seguir. Gostaria de ter tido conhecimento sobre essas sugestões há muito mais tempo.

1. Escreva uma lista de expectativas que você tem em relação a seus filhos.
2. Leia essa lista e entenda que são *suas* expectativas. Elas não têm nada a ver com aquilo que seus filhos poderão escolher para si mesmos.
3. Escreva uma lista de expectativas que você tem com relação a si mesmo.
4. Leia essa lista. Esses são *seus* planos de vida. Eles não têm nada a ver com seus filhos.

4

Você fez tudo por seus filhos: talvez não devesse ter feito

A HISTÓRIA DE ALICE E HANK. Alice e Hank estavam na faixa dos setenta anos de idade ou um pouco mais. A casa deles em Stuart, Flórida, fica em uma vizinhança na qual residem outras pessoas idosas. Eles moram lá há quinze anos, desde que Hank se aposentou. Saíram de Farmingdale, Long Island, onde ainda se encontra a maior parte de seus familiares e amigos, mas levaram um cão perdigueiro dourado (atualmente já falecido), uma caminhonete Ford 1966 (também já falecida) e um filho alcoolista que chamavam por Denny, apelido de Dennis.

"Nós simplesmente não podíamos deixá-lo em Nova York", disse Alice com um sotaque simples que não era do Brooklyn. Ela era uma mulher de aparência frágil, com cabelos bem brancos e tornozelos inchados por causa do calor da Flórida, mas seu espírito parecia resistente.

"Por que não?", perguntou Hank, seu marido. "Ele age como se estivesse brincando, mas você sabe que na verdade ele não está brincando."

"Porque", Alice começou a responder, "ele nunca morou sozinho, é por isso".

"Nunca é tarde", disse Hank com um humor aparente. "O que quero dizer é, será que alguém já ouviu falar a respeito de algum homem que estivesse na faixa de seus quarenta anos e morasse na casa de sua mamãe e de seu papai?"

"Quando uma pessoa está na faixa dos quarenta anos é muito tarde", disse Alice. "Ele não sabe nada sobre o fato de morar sozinho."

53

Alice e Hank pareciam ter-se esquecido de mim à medida que prosseguiam com aquela discussão leve e cômica. Mais parecia que estavam encenando um *show* para mim.

"E o que acontecerá se você e eu simplesmente morrermos Alice?", perguntou Hank.

"Nós iremos atravessar essa ponte quando chegar a hora", respondeu Alice.

A discussão em que Hank e Alice estavam absorvidos parecia ser tranqüila e saudável. Porém, detectei algo no comportamento deles que denunciava uma extrema tristeza e agitação.

Ocorreu-me que Denny poderia se aproximar de nós uma vez que estávamos discutindo a respeito dele, mas Alice disse que ele havia saído.

"Nós nos sentimos mais felizes quando Denny sai", disse Hank com sinceridade.

"Agora, Hank", interrompeu Alice, "embora você não esteja exatamente tão certo, eu admito que isso é parcialmente verdadeiro. Denny fica sempre tão... facilmente irritado com todas as coisas. Tudo que é feito para ele tem de estar rigorosamente correto, senão..."

"Senão, o quê"?, perguntei.

"Senão ele pode ser capaz de ter um acesso", disse Alice de forma realista.

"Que tipo de acesso?", perguntei, prosseguindo nessa linha de diálogo.

Alice pensou um pouco antes de responder. "Bem", disse finalmente, "em uma ocasião ele arrebentou tudo que havia neste quarto. E outra vez ele meteu o pé na televisão porque achou que eu não estava prestando atenção ao que ele estava dizendo. Mas ele havia bebido muito naquela noite."

Alice fez essa última afirmativa sobre a bebida casualmente, como se em nossa conversa desejasse referir-se a isso apenas parcialmente. Mas o elemento bebida alcoólica acrescentava uma nova luz à situação que ia além do fato de possuir um filho de meia-idade morando naquela casa. Tratava-se de um filho de meia-idade com um problema de alcoolismo.

"Vocês não parecem muito preocupados com o comportamento de seu filho", eu disse. "Quero dizer, vocês têm um filho de 42 anos de idade morando com os pais, que estão na faixa dos setenta anos, e que de vez em quando quebra móveis e arrebenta o aparelho de televisão. E ainda tem problemas de alcoolismo."

"Eu não disse que não estava preocupada", disse Alice. "Nós apenas não sabemos responder por que..."

"É porque você sempre mimou ele", Hank disse subitamente em um tom que denunciava uma certa agressividade.

"Eu não", Alice respondeu.

"Você fez isso sim", Hank insistia. Naquele momento senti-me como se estivesse em uma sala com duas crianças de cinco anos.

"Possivelmente eu tenha feito coisas demais para o nosso garoto", Alice concordou. "Eu nunca fui muito severa com ele. Eu queria apenas tornar a vida dele mais confortável, para que continuasse a morar conosco por muitos anos. Talvez não desejasse que ele saísse de casa."

"Talvez Denny não quisesse que você fosse embora", disse Hank.

"Ele já trabalhou?", perguntei.

"Ah, sim", disse Alice ao mesmo tempo que Hank respondeu, "Você deve estar brincando!"

"Ele já foi violento, agindo contra a mobília e a TV. Ele já foi violento com algum de vocês?"

Dessa vez era Hank que queria negar tudo. Mas Alice não deixou que ele o fizesse.

"Ele foi violento com o pai. Ainda nessa semana que passou. O pai pediu-lhe para que levasse o lixo para fora. E, em seguida, ele empurrou o pai contra a parede erguendo-o pelo colarinho. Ainda bem que eu estava por perto ou Denny poderia ter matado o pai."

"Não foi nada", disse Hank, "eu deveria ter levado o lixo para fora sozinho, como faço normalmente."

"Esse tipo de situação acontece com freqüência?", perguntei, olhando para Alice, que tinha lágrimas nos olhos.

"Acontece o tempo todo", ela disse, começando a chorar. "Denny já me empurrou. Algum tempo atrás eu teria lhe dado um tapa se ele tentasse fazer algo semelhante, mas agora tenho medo de que ele queira revidar, me batendo também."

O tom de Alice, que anteriormente parecia casual, naquele momento foi substituído por um tom de medo bastante verdadeiro.

"Você sabe que pode fazer algo a respeito disso...", comecei a dizer.

"Ele se mataria", interrompeu Alice, já sabendo o que eu iria sugerir. "Ele nos disse. Se tentássemos expulsá-lo de casa, mesmo que fosse para ele mudar para seu próprio apartamento ou se trouxéssemos alguém para conversar com ele – disse que dispararia uma bala em sua cabeça."

"Ele possui uma arma?", perguntei, incrédulo.

"Ele possui um arsenal completo em seu armário – que mantém trancado", disse Hank.

Era evidente o quanto tudo isso estava assustando Alice e Hank e ainda havia mais.

"E ele disse que nos mataria também", prosseguia Hank, "o que poderia ser uma bênção. Nós estamos idosos e quando chegar a nossa hora, alguém terá de interná-lo em algum tipo de instituição, eu sei disso. Tudo aquilo que disse antes sobre o fato de ele sair de casa não faz sentido. Ele não tem condições de cuidar de si mesmo."

Já havia visto muitos pais sendo manipulados dessa forma por seus filhos. Eu mesmo havia sido um deles. Mas esse caso era duplamente triste porque as atitudes que Alice e Hank interpretaram equivocadamente como amor e atenção paterna naquele momento revelavam uma situação horrível envolvendo três personagens. Havia duas pessoas que deveriam estar usufruindo seus anos dourados em vez de estarem tomando conta de um homem perigoso de 42 anos de idade e com um problema sério de alcoolismo.

"Eu pensava que quando estivesse aposentado", disse Hank, "poderia passar meus dias em um campo de golfe sem nenhuma preocupação com nada. Mas é impossível. Eu nunca sei o que poderia acontecer quando retornasse para casa. Com o temperamento de Denny, tudo pode acontecer. Eu me preocupo com o fato de Alice ter de lidar com um louco."

"Eu não sei o que faremos", disse Alice mostrando um certo desespero. "Eu simplesmente não sei."

Os pais que são fortes

Uma de minhas histórias favoritas é aquela que fala da sra. Buscaglia, a mãe do autor e humorista Leo. Leo faz um relato de como sua mãe tentou dissuadi-lo de sua aventura de ir para Roma com os poucos recursos financeiros que ele possuía por ser ainda muito jovem. Ela lhe disse que o dinheiro dele não iria durar até o fim da viagem e ela, obviamente, estava certa. Quando o dinheiro acabou, de acordo com o relato de Leo, acabaram também todos os seus amigos recentes em Roma, com os quais havia esbanjado seu dinheiro. Leo, então já sem dinheiro, não hesitou em enviar um telegrama para sua mãe pedindo auxílio financeiro. Mas, para sua surpresa, não recebeu nenhuma resposta. Desesperado, telegrafou novamente para ela, dessa vez enviando uma mensagem bem resumida: "Estou morto de fome!" A resposta enviada por ela continha uma mensagem composta de uma única palavra: "Morra!"

Do ponto de vista de Leo, as ações de sua mãe o ensinaram muito sobre o fato de assumir suas próprias responsabilidades. Com a atitude de sua mãe ao recusar-se a "facilitar tudo" para ele, não havia outra opção a não ser remediar a confusão na qual ele se havia metido. E, embora a lição fornecida por ela tenha parecido muito severa naquele momento, ele reconheceu como sua mãe era extraordinariamente sábia e o quanto suas idéias sobre maternidade e paternidade o beneficiaram.

Deixando o filho aprender

Deixar que um filho assuma seus próprios erros é, na minha opinião, o maior gesto de amor que os pais podem ter em relação a ele. Também é uma parte importante da orientação que devem fornecer ao seu filho. Isso não significa que esses pais devam negligenciar seus cuidados de alguma forma ou recusar-se a oferecer ajuda quando for necessário. Significa simplesmente aprender *quando* essa oferta de ajuda *é* necessária.

Quando meu filho mais velho estava com treze meses de idade, seu irmão nasceu. A partir de então, havia dois bebês e o mais velho começou a entrar em uma tremenda depressão que minha esposa e eu achamos muito dolorosa de encarar. E por causa da dor que sentimos ao vê-lo assim tão infeliz, procuramos compensá-lo, passando mais tempo com ele e fornecendo-lhe mais atenção do que fornecíamos quando o novo bebê chegou. E, desse modo, começamos um eterno padrão de superproteção para com nosso filho mais velho que, retrospectivamente, gerou muitas conseqüências tristes que continuam até hoje. Na verdade, o que minha esposa e eu fizemos foi assumir toda a responsabilidade emocional do menino mais velho, impedindo-o, desse modo, de enfrentar os golpes e sofrimentos que fazem parte do processo de crescimento. Quanto ao mais novo, que amávamos tanto quanto seu irmão mais velho, também ficou frustrado e foi sacrificado até certo ponto em virtude de sua situação desfavorável.

Nunca é cedo demais para ensinar um filho

Ser pai/mãe não significa que você deva saber exatamente como controlar as lições inerentes à fase de crescimento de um jovem. A sabedoria geralmente só aparece depois que o fato foi consumado. Por exemplo, eu me recordo de uma outra situação em que não soube agir com sensatez. Quando os meninos eram ainda muito pequenos, íamos freqüentemente a um parque local onde havia colinas com inclinações suaves. Meus filhos adoravam rolar nessas colinas, mas não gostavam de subi-las novamente. Queixavam-se, gritavam, berravam e esbravejavam até que eu os pegasse no colo e os carregasse até o topo da colina, de onde rolavam entre gritos e risadas – e, então, o processo todo recomeçava.

Se isso acontecesse hoje, eu, com minha sabedoria acumulada, iria agir como um treinador para meus filhos, em vez de me comportar como um pai idólatra que está buscando desesperadamente o amor de seus filhos pequenos. Eu poderia tê-los *auxiliado*, em vez de carregado. Poderia tê-los tratado como pessoas capazes de realizar coisas por si mesmos, assim como vencer a subida de uma simples colina. Hoje, tendo uma idéia melhor sobre o que funciona e o que não funciona, deixaria que meus filhos chorassem um pouco e também que se esforçassem um pouco para subirem aquelas colinas sozinhos e pelo próprio esforço, ainda que para eles aquela colina se parecesse com o monte Everest. Acredito que teria realizado melhor minha tarefa de pai e estaria lhes fornecendo uma orientação oportuna. Conforme aprendi com o tempo, aquela colina no parque foi apenas uma das muitas colinas na vida em que carreguei meus filhos. Essa história sobre a colina simboliza a função que eu optei por desempenhar na vida de meus filhos, e simboliza também a função que se acostumaram a me ver exercer durante seu crescimento.

A estrada que conduz ao desastre

Atualmente, à medida que observo os pais com seus filhos, posso ver que muitos estão se comportando de modo a atrair para si mesmos desastres em potencial nos anos vindouros, quando seus bebês e suas crianças se tornarem adolescentes e jovens adultos. Eles estão fazendo isso por serem extremamente protetores e por agirem quase como guardiães fanáticos. Podem-se ver como ótimos pais, mas o que significa exatamente ser um ótimo pai ou uma ótima mãe? Meu ponto de vista revisado é que os pais ótimos são aqueles que protegem o filho contra os males do mundo externo, mas que não os protegem sempre da realidade rica, variada e algumas vezes desagradável de seu mundo interno. Parece que a moda hoje para os pais e para as mães, especialmente para os primeiros, é envolverem-se totalmente na vida dos filhos. Quando era garoto, meu pai trabalhava. Se o visse por mais de cinco minutos por dia, eu me considerava com sorte. Por esse motivo, e porque não desejava que meus filhos crescessem sentindo a ausência do pai, estava sempre disponível para eles. A mensagem que lhes transmitia, desde crianças, é que eu era um elemento constantemente pronto para ajudá-los em todas as circunstâncias. Em decorrência da minha decisão de trabalhar por conta própria em um determinado ponto de minha carreira e como meu escritório ficava próximo de casa, eu podia levá-los à escola, buscá-los, brincar com eles à tarde e, em geral, participar do crescimento deles. Enquanto meu pai havia assumido o lado extremo da falta de envolvimento com um filho, eu assumi o oposto. Agora, posso perceber que ser um pai (ou mãe) extremamente fanático – como tudo mais na vida que fazemos sem equilíbrio – pode ser tão contraproducente quanto ser um pai (ou mãe) ausente.

Isso ocorre principalmente porque, agindo assim de forma tão protetora, esses pais não permitem que seu filho resolva os problemas que surgem, pois há sempre um pai (ou mãe) poderoso e iminente para fazê-lo por ele. Tradicionalmente, nas gerações anteriores, as mães eram as pessoas que se sobrecarregavam com os problemas associados à educação dos filhos, pelo menos durante as horas do dia. Os pais, em muitas famílias, eram como o supremo tribunal, aproximavam-se dos problemas apenas quando eles justificassem o seu precioso tempo. Ser repreendido na frente do pai significava que uma má ação havia sido cometida e que uma justiça imediata estava para ser aplicada, normalmente na forma de privilégios negados ou uma surra.

Em qualquer dos casos, os pais e as mães normalmente estavam sempre tão ocupados com as tarefas do lar e em prover o sustento da casa que não tinham tempo de fornecer atenção excessiva aos seus filhos. As crianças daquela época dependiam de sua própria iniciativa, intuição e inteligência para poderem lidar com suas dificuldades, crises e emergências (algumas das quais aparentavam ser gigantescas) que surgiam todos os dias. Para ter pais com quem pudessem "conversar", os filhos precisaram esperar ainda pelo menos mais uma geração.

Como foi a mudança dos pais

Durante os anos 60, aconteceu algo que mudou a forma pela qual os pais passariam a se relacionar com seus filhos a partir de então. Esse "algo" foi a revolução do amor livre/hippie/função homem-mulher que ocorreu em várias partes do mundo. De repente, passou a ser normal para as mães e para os pais o fato de deixarem seus filhos mais soltos e mudarem suas funções de homem e mulher na sociedade. Passou a ser socialmente aceitável tornar-se companheiro do filho. E, dessa forma, começou a unidade da família democratizada, com filhos que tinham direito à palavra e ao voto.

O antigo ditado que afirmava "crianças devem ser vistas e não ouvidas", usado por várias gerações para manter as crianças "nos seus lugares", nessa época ficou obsoleto para os pais que estavam aderindo às novas maneiras de criar filhos. Até onde *esses* pais sabiam, nada poderia ser pior do que a forma pela qual foram criados.

Os pais todo-poderosos voluntariamente reduziram suas funções no sistema de dirigir a família e passaram a permitir que seus filhos tivessem mais liberdade de expressão. Muitas mulheres que se tornaram mães criaram formas inovadoras de argumentar com seus filhos, em vez de se valerem dos métodos de controle e coerção utilizados por seus pais. Aos pais era permitido que se tornassem mais participantes na educação dos filhos. Eles podiam até mesmo assumir a função de tomar conta dos filhos, tarefa que anteriormente pertencia exclusivamente às mães. Ver um homem empurrando um carrinho de bebê nos anos 50 era raro. Nos anos 70, era comum observar um pai empurrando seu filho no carrinho. Assim como também havia-se tornado comum a presença do pai na sala de parto. E isso aboliu a figura estereotipada dos homens que estavam para ser pais e, habitualmente, ficavam fumando sem parar, andando de um lado para o outro suando na sala de espera!

Eu fui um desses pais que entrou na sala de parto. Provavelmente por causa disso, sentia que possuía um vínculo especial com meus filhos. Foi o início de um padrão de "doação" direcionada que prevaleceu desde seus primeiros minutos fora do útero. Eu estava dando-lhes um pouco de mim mesmo ao compartilhar da experiência de sua entrada no mundo e ao "estar lá" disponível para eles.

Doar-me a meus filhos, fazer coisas para eles e estar presente – essas eram as frases que compunham meu dicionário pessoal sobre paternidade. Desejava fornecer-lhes melhor vida e pretendia fazer todo o possível para atingir esse objetivo. Além disso, estaria sempre presente para auxiliá-los, orientá-los, mostrando-lhes amorosamente o caminho a seguir.

Esse era um plano simples e engenhoso. Mas não deixava muito espaço para que meus filhos pudessem contribuir ou participar do processo por si mesmos.

A experiência que adquiri quando criança no aprendizado referente a ser uma pessoa auto-suficiente surgiu na escola dos golpes duros: sem a ajuda e o apoio dos pais, família, professores, conselheiros ou psicólogos de crianças. Foi muito difícil aprender a viver nesse mundo sem o auxílio de pessoas que se preocupassem comigo. Por isso, quando meus filhos nasceram não queria que passassem pelo que tive de passar. Como resultado, minha esposa (cuja filosofia com relação a essa conjuntura era idêntica à minha) e eu assumimos a tarefa de manter o mundo real afastado de nossos filhos. Ao fazer isso, nós, inadvertidamente, os privamos de um crescimento valioso e da possibilidade de terem um aprendizado. Isso os colocava em uma posição (que se tornou um hábito) que os fazia dependentes de nós. Minha esposa e eu passamos a ser os "senhores fazem de tudo" de nossos filhos. Nós nos transformamos em uma barreira de proteção humana, colocando-nos entre nossos filhos e simplesmente tudo e todos com quem tivessem contato.

Por exemplo, se tivessem o menor problema na escola, minha esposa e eu iríamos nos exaurir até encontrarmos as soluções. Se fossem hostilizados por seus colegas de escola, iríamos falar com os pais deles. Se tirassem notas baixas, nós os levaríamos a um professor particular. Qualquer que fosse o assunto, sabiam que iríamos resolver. Podiam se aproximar de mim a qualquer hora quando tivessem um problema, até mesmo me ligar no trabalho. Posteriormente, as ligações telefônicas de meus filhos foram substituídas pelas ligações dos funcionários da escola, policiais ou conselheiros de problemas relacionados com drogas. Eles entravam em contato comigo em virtude de problemas que meus filhos causavam e, obviamente, tinham precedência em relação ao meu trabalho. Sempre que conversava com as autoridades, sentia-me arrasado. Estava participando de uma batalha por meus filhos na qual eu nunca conseguiria vencer.

Saindo do caminho

Se tivesse me mantido um pouco mais afastado e deixasse a natureza seguir seu curso, teria prestado um ótimo serviço a toda a minha família. Mas estava tão apegado a esse padrão de "fazer tudo por eles", que nunca me ocorreu o fato de simplesmente deixar as coisas acontecerem, sem intervir. Se um dos meus filhos ou mesmo se os dois tivessem de ir ao tribunal por causa de algum tipo de delito (assim como dirigir alcoolizado), eu ia imediatamente para o local com um advogado e um talão de cheques para pagar a multa. Se não tivesse sempre me empenhado em salvar meus filhos das garras da lei, eles teriam de pagar pelas conseqüências de suas ações, ou indo para a cadeia, ou prestando serviços à comunidade, ou ambos. Mas qual é o pai ou a mãe que *não* tentaria manter seu filho ou filha fora da prisão?

A resposta a essa pergunta é: os pais que fossem *conscientes*, que tivessem aprendido com a experiência e soubessem que seria melhor deixar que seus filhos também aprendessem com ela. Nada na vida pode ser mais útil e de grande ensinamento para um filho do que o aprendizado adquirido a partir dos erros que ele comete.

Ao livrar continuamente meus filhos de situações desagradáveis, que eles mesmos criavam, eu estava, na verdade, dizendo-lhes que não precisavam se preocupar em respeitar leis, regras ou limites de qualquer espécie. Podiam fazer o que desejassem e praticar atos de violência contra as pessoas onde e quando quisessem. Afinal, tinham pais que iriam resolver qualquer problema para eles, pagar suas multas, conversar com as autoridades ou livrá-los continuamente das dificuldades que eles mesmos arranjavam.

Não havia nenhuma razão para que pensassem de modo diferente. Eu havia estabelecido uma dinâmica em suas vidas, que começou bem cedo, na qual, basicamente, os tirava de situações difíceis sempre que cometiam algum ato contra a sociedade. Isso não significa que a mãe deles e eu não lhes mostrássemos a diferença entre o certo e o errado. Nós os repreendíamos em particular, mas não poderíamos deixá-los pagar por seus erros publicamente. Falávamos com eles e tentávamos fazê-los perceber o quão negativas eram suas ações. Também cometi alguns erros extremamente tolos no que se referia às punições que deveria aplicar a eles, e o maior deles consistia no fato de afirmar uma coisa e logo depois voltar atrás. Em outras palavras, às vezes, recusava-me a emprestar o carro e, em seguida, me arrependia e emprestava porque ficava com pena. Não é difícil imaginar que se sentiam bem ao provocarem atos de violência, pois sabiam que sua punição consistiria apenas em uma repreensão ou algo não muito mais sério do que isso.

Quando meus filhos estavam na metade de sua adolescência, ficaram mais fortes e independentes. Todas as formas de punição haviam-se tornado obsoletas. Não havia nenhum modo de impingir-lhes qualquer tipo de restrição. Isso ocorreu quando minha esposa e eu nos sentíamos verdadeiros prisioneiros na casa onde moravam dois jovens demônios. Eles bebiam e usavam drogas quando tinham vontade e não davam a menor importância para as freqüentes interferências que costumávamos fazer. E essa minha forma de agir não havia mudado quando chegou a época de liberá-los das ações da polícia. Eu estava sempre presente nos tribunais para desembolsar o dinheiro necessário para poder libertá-los.

Então, em um dia frio de outubro, esse padrão foi mudado para mim pela atitude de um juiz do tribunal distrital. Ele havia-se cansado de tanto ver meus filhos se apresentarem diante dele com tanta freqüência e decidiu que já era tempo de fazer algo a respeito. Por estar dirigindo sem carteira de motorista e também por estar sob a influência de drogas, meu filho foi enviado para o centro de reabilitação mais próximo, onde permaneceu por dezoito meses.

Foi necessária a atitude de um juiz para que eu alterasse o curso das ocorrências que estavam dominando nossa família e aprendesse o valor dos limites.

5 Estabelecendo limites e persistindo neles

A HISTÓRIA DE DOROTHY. O telefone tocou um pouco antes da meia-noite. Mesmo antes de atendê-lo eu já sabia que era Dorothy, uma pessoa com quem fiz amizade em um grupo de apoio aos pais. Como sempre, estava desesperada. Isso não era novidade, ela estava sempre desesperada. O motivo de estar vivendo nesse constante estado de ansiedade era o fato de ter admitido tornar-se uma marionete – e seu filho Tom, um homem desempregado de 33 anos, viciado em drogas e agressivo, é que estava agindo como o proprietário e controlador da marionete.

"Eu acabei de receber um telefonema do Tom", ela disse com sua voz trêmula. "Ele me ligou novamente para pedir dinheiro, com aquelas atitudes terríveis que demonstram que está sob o efeito das drogas. Quando lhe disse que não tinha dinheiro, começou a me chamar de nomes impróprios – como vadia e prostituta e outros muito piores. Então, berrou com todas as forças de seus pulmões dizendo que iria arrombar a casa uma noite dessas e cortar minha garganta."

Dorothy era viúva e morava com seu namorado e já era "veterana" nas situações de pânico provocadas por essas confrontações repugnantes que tinha com seu filho, uma pessoa alucinada pelas drogas e quase um psicopata. Mas, independentemente da freqüência e da semelhança desagradável do conteúdo da situação, nunca se acostumou com esses fatos: eles sempre a faziam tremer como vara verde. Sua "norma de conduta", para não usar outra expressão, em todos esses encontros era deixar que Tom falasse ininterruptamente, sem retrucá-lo, para, de acordo com suas próprias palavras, não "colocar lenha na fogueira". Mas, dessa vez, ela me dizia que sentiu uma diferença no modo pelo qual ele reagiu.

"Eu não sei o que aconteceu comigo. De repente perdi a cabeça.

Eu lhe disse que não merecia ser tratada daquela forma, que era a mãe dele e que ele não iria mais conseguir nenhum centavo de mim, e disse também que não queria mais vê-lo, nem falar com ele até que freqüentasse um centro de reabilitação e fosse capaz de agir como um ser humano decente e normal. Então, bati com o telefone no gancho com bastante determinação", disse, aparentando satisfação.

Dei os parabéns a Dorothy pelo modo como havia acabado com a pressão que ele exercia sobre ela. Mas, subitamente, ela parou de me escutar. Como uma mulher que nunca havia sido firme com seu filho, nem remotamente, agora ela estava sendo repentinamente dominada pelo remorso que sentia em relação ao que lhe havia dito. Sua súbita transformação de uma mãe sem rodeios em uma pessoa que se desintegrava em frangalhos ocorreu em apenas alguns segundos, mas foi uma transformação total.

"Não posso acreditar que disse tudo isso para ele", Dorothy lamentou-se e começou a soluçar. "Eu não acredito que o dispensei daquele modo. Sou a mãe dele. A única pessoa que aquele pobre garoto tem no mundo. Eu me sinto como se tivesse dito para ele ir direto para o inferno."

Perguntei quantas vezes ele havia feito a mesma coisa com ela, não apenas com palavras, mas também por meio de ações.

"Eu sei, eu sei", ela respondeu tentando apressadamente ocultar a verdade. "Mas isso não me dá o direito de retrucar e fazer a mesma coisa com ele."

"Por que não?", perguntei. "Esse garoto já lhe roubou, destruiu seu lar, esbanjou seu dinheiro até prejudicá-la financeiramente para custear seu vício em drogas e você ainda se sente culpada?"

Aquilo não era o que Dorothy queria ouvir. Ela já me havia ligado várias vezes nesses últimos tempos e eu sempre permitia que desabafasse ininterruptamente sobre esse filho; ela não me ligava para pedir sugestões sobre como terminar com seu sofrimento, mas apenas para ter alguém que ouvisse seus problemas. Eu sempre soube que Dorothy não queria nada além dessas longas sessões de ligações telefônicas, nas quais desejava apenas descrever o quão terrível e o quão trágica era sua situação. Como muitas outras pessoas que preferem falar sobre um relacionamento desgastado e doloroso do que fazer algo a respeito, Dorothy tornou-se um vampiro de energias. Eu precisava ficar constantemente alerta para não deixar que sugasse a minha própria energia.

Quaisquer sugestões que lhe fizesse não teriam nenhum tipo de aceitação de sua parte. E, de qualquer forma, quem era eu para lhe dar conselhos? Eu também havia sofrido pelas mesmas circunstâncias difíceis causadas por meus próprios filhos, até que, finalmente, consegui sair de minha depressão. Mas naquele momento parecia que havia dado o primeiro passo na direção da saída de sua própria depressão, um passo que a conduziria a uma espécie de sanidade naquela situação insana. *Se ela não tivesse vacilado.* Aquela seria a chave da saída. Havia reagido, em vez de permitir que o inimigo (as drogas que já se haviam instalado na mente, no corpo e na alma de seu filho) a derrotasse. A afirmação que havia feito a seu filho não poderia ser mais clara: ela não queria mais saber dele até que ele ficasse livre das drogas. Como seria bom se Dorothy tivesse persistido naquilo que lhe havia dito.

As palavras subseqüentes que me disse aumentaram minha frustração: "Você acha que eu deveria ligar para ele e pedir desculpas?", perguntou-me demonstrando fraqueza.

Mesmo sabendo que seria um esforço inútil, tentei encorajá-la a não ligar para o filho. Foi como se eu tivesse falado para as paredes.

"Bem, mas e se ele tentar se matar?", exclamou.

Disse a ela que ele já estava se matando com as drogas e que, ao ser tão submissa, ela estava contribuindo mais com a situação do que ele mesmo.

Ela ainda não estava preparada para ouvir isso. Entendi exatamente em que circunstâncias ela estava. Eu mesmo já passei por esse tipo de situação, na qual me recusava a ouvir conselhos, e exatamente como ela naquele momento, no passado eu também não pude perceber o quão destrutivo estava sendo, apenas por agir como uma pessoa sem determinação. Como Dorothy, eu morria de medo de que se eu desse um ultimato aos meus próprios filhos dependentes, estaria deixando-os sucumbir por não lhes dar apoio e por não *estar lá do lado* deles.

Dissuadi-la de ligar para seu filho seria como dizer para um suicida determinado a não pular da janela. Seria inútil. Naquele momento ela já estava mais calma, alegre, incapaz de ouvir qualquer coisa que eu dissesse e ansiosa para terminar nossa conversa. Prometeu-me que definitivamente não iria ligar para Tom, não importa o que houvesse. Mas, obviamente, eu sabia que iria fazê-lo. E iria fazê-lo assim que terminássemos nossa conversa e ela desligasse o telefone.

Uma introdução ao estabelecimento de limites

O estabelecimento de limites é o primeiro e o mais importante passo que se pode dar para alterar a dinâmica de um relacionamento entre pais/filho dependente, que esteja sendo implacavelmente desagradável. É o modo mais certo dos pais poderem controlar uma situação em que essencialmente não existem vencedores. E também para que possam ter paz de espírito. Estabelecer limites não significa, de modo algum, romper relações com o filho dependente de drogas. Significa *romper relações com as drogas propriamente ditas*.

O que poderia facilitar para os pais a compreensão da leitura do trecho anterior é o fato de saber que seus filhos *não* são as substâncias químicas que estão ingerindo. A dependência de substâncias químicas é reconhecida pela Organização Mundial de Saúde como uma doença, sobre a qual os viciados têm pouco ou quase nenhum controle. Em conseqüência da natureza traiçoeira dessa doença, surgem extremas alterações de personalidade na pessoa que é dependente.

Um perfil sobre os usuários de drogas e os alcoolistas mostra que são altamente sensíveis e vulneráveis por natureza e incapazes de ter controle sobre as substâncias químicas que estão introduzindo em seus corpos. Infelizmente, mesmo quando estão livres dessas substâncias, os dependente nem sempre voltam a assumir suas personalidades normais anteriores. Eles podem, e isso ocorre com freqüência, exibir algumas das mesmas tendências que apresentavam quando estavam sob o efeito delas. Esse estado é conhecido entre os Alcoólicos Anônimos e Narcóticos Anônimos como "estar embriagado sem ter bebido". Mas, pelo menos, eles se tornam mais racionais e menos propensos ao comportamento violento.

O único controle que os pais podem ter é sobre as próprias ações e reações. O modo como se lida com as emoções é que faz a grande diferença. Você pode continuar a ser vítima de uma situação essencialmente insana, provocada pelas substâncias químicas que seus filhos estejam utilizando ou controlar essa situação pelo estabelecimento de limites e fazendo um esforço consciente para não permitir que seu filho dependente prejudique sua vida.

O que é um limite?

Pense no limite como uma fronteira com postos de sentinela criados e protegidos pelos pais, uma barreira nitidamente definida que evita que o filho dependente possa causar desordens nos domínios desses pais. Por exemplo, um pai ou uma mãe que informe ao seu filho dependente que ele está sendo expulso de casa e não terá permissão de voltar até que fique totalmente livre das substâncias químicas que está utilizando. Essa ação, quando realizada de forma eficiente, faz com que o filho dependente tenha menos poder sobre os pais.

Porém, em conseqüência dos vários aspectos emocionais envolvidos, a criação de limites no caso de filhos dependentes de substâncias químicas ainda é um dos passos mais difíceis e complicados que os pais podem dar.

O principal problema enfrentado pelos pais no estabelecimento de limites está relacionado com a natureza tão específica dessa mudança de comportamento. Quando se coloca uma barreira entre eles e os filhos, surge uma sensação de perda. Não importa que essa perda possa consistir principalmente na dor e tristeza que caracterizam esse relacionamento – continua sendo uma perda. Mesmo porque, algumas vezes, a dor e a tristeza são as únicas coisas que os pais têm o direito de sentir.

Por que os pais de dependentes não estabelecem limites

Existem muitos outros motivos que levam os pais a não se sentirem capazes ou a não optarem por estabelecer limites saudáveis com relação aos seus filhos dependentes. Veja a seguir alguns deles.

Ameaças de suicídio. Existe um medo terrível, por parte dos pais, de que o dependente possa se matar. E não é isso exatamente o que o dependente está o tempo todo ameaçando fazer?

Uma ameaça é, de acordo com o dicionário *Webster's*, "uma expressão da intenção de punir ou fazer mal a alguém". Um filho dizer aos pais que vai saltar de uma ponte ou tomar uma overdose fatal é uma forma de intimidação: é o último recurso de poder que podem exercer sobre seus pais e ele perdura por muito, muito tempo. Os pais farão qualquer coisa contanto que o filho dependente não dê o passo final e fatal.

Os dependentes só precisam *mencionar* a palavra suicídio para fazer com que seus pais fiquem exatamente onde eles querem que fiquem, ou seja, na palma de suas mãos – e não hesitarão em pressioná-los.

Medo de nunca mais ver o filho. Esse é o medo exagerado, que existe por parte dos pais, de que o filho dependente possa desaparecer, sumir no ar, uma vez que ele perceba que os pais não podem mais ser manipulados como antes. Não saber nada sobre o paradeiro ou estado físico de um filho dependente pode ser mais angustiante do que realmente lidar com os problemas dele.

A visão de um filho tomando uma overdose e caindo morto em uma vala qualquer assombra muitos pais. Pelo menos ao ter contato, por mais árduo que possa ser, os pais sabem que o dependente ainda está vivo. E onde há vida, há esperança.

Uma observação que pode tranqüilizar os pais: em geral, os dependentes não desaparecem permanentemente. Eles podem permanecer afastados durante alguns dias e até mesmo semanas. Mas voltam a aparecer regularmente para averiguar se o desaparecimento assustou os pais a ponto de eles liberarem os controles que haviam estabelecido. Esses desaparecimentos, que deixam muitos pais em um estado mental frenético, possuem um acentuado toque de sadismo.

Medo de que o filho dependente passe a morar nas ruas. Enquanto está sob a influência das drogas ou do álcool, um dependente normalmente não se preocupa com certos detalhes, como usar lençóis na cama. O fato de morar nas ruas, para o viciado, é apenas ter um lugar para "acampar" quando num estado de muito cansaço. Os pais que não podem sequer imaginar que seus filhos possam ficar deitados em um chão frio de concreto, em algum beco qualquer, evitam terminantemente o estabelecimento de limites em casa.

Medo de que o dependente siga o caminho da prostituição. Alguns pais acham que se não suprirem as necessidades financeiras do filho dependente, este encontrará uma outra forma de obter dinheiro. *Qualquer* outra forma, e a prostituição está em primeiro lugar na lista de opções. Além das considerações morais que os pais possam fazer em relação ao fato de seus filhos seguirem o caminho da prostituição, existe ainda o medo da AIDS que atinge um grande número de filhos dependentes que negociam o próprio corpo.

Os pais que se punem. Alguns pais possuem uma convicção arraigada de que viver constantemente em tumulto é tudo o que merecem. Eles racionalizam que se tivessem oferecido mais amor, tempo, proteção, planejamento e orientação na criação de seus filhos, não teriam de enfrentar essa terrível situação hoje. Os pais que são extremamente críticos com relação à tarefa que realizaram na educação de seus filhos estão aptos a aceitar a idéia de que devem sofrer eternamente, que a angústia que sentem é justificada. Essa falta de amor próprio e auto-estima complementa muito bem a carga maciça de culpa que esses pais carregam o tempo todo.

Relutância em assumir responsabilidades. Algumas vezes, o fato de enfrentar um problema terrível de família – assim como a dependência das drogas ou o alcoolismo de um filho – é mais fácil do que lutar por uma carreira bem-sucedida e por um relacionamento significativo, bem como mais fácil do que atingir determinados objetivos ou con-siderar a própria felicidade e satisfação. Afinal, quando alguém está totalmente absorvido pelos problemas de um dependente não sobra nenhum minuto do dia e nem da noite para essa pessoa, especialmente se esse dependente for seu filho ou sua filha.

Nesse caso, você também não teria muito tempo para si mesmo, não é?

Medo de ser deixado para trás. Existe um medo de que o dependente tenha sucesso em sua vida. Acredite se quiser – e por mais estranho que pareça – alguns pais inconscientemente temem a possibilidade de que seus filhos sejam bem-sucedidos na vida, possam ultrapassá-los, tornem-se mais prósperos, mais influentes e passem a freqüentar ambientes para os quais seus pais não sejam convidados. Esses pais sentem que seus filhos os deixarão para trás ao despertarem para uma independência recém-encontrada e para novas realizações. Essencialmente, têm medo de deixarem de ser necessários.

A maioria dos pais dessa categoria nega veementemente o fato de que prefeririam ter filhos inutilizados e dependentes, mas que nunca viessem a deixá-los, do que filhos saudáveis e bem-sucedidos que possam fazer isso um dia. Mas ao alimentar continuamente o caos em que vivem seus filhos dependentes, sem nem mesmo insinuar o estabelecimento de limites, existe pouca ou nenhuma chance de que qualquer uma das partes escape do domínio total de vida e morte que exercem sobre si mesmas.

Culpando os maus genes. Há uma teoria que afirma que a dependência das drogas e o alcoolismo são problemas hereditários. No modo de pensar de alguns pais, essa teoria os classifica como o fator de ligação direta entre eles e o próprio fato de seus filhos terem-se tornado dependentes de drogas e álcool.

Ao considerarem essa situação desastrada como racional, os pais que são movidos pela culpa poderão pensar que não é justo que o filho sofra sozinho. Muitos que admitem que seus próprios genes são a causa das dependências de seus filhos jovens, jamais sonhariam em estabelecer limites. Impor restrições ao comportamento do filho dependente e depois seguir adiante e ter uma vida maravilhosa e feliz é algo impensável.

E o veredicto desses pais é: somente o mais egoísta e o mais insensível dos pais consideraria seu próprio bem-estar mais importante do que o dos filhos, principalmente em um momento como esse.

Questões relativas ao abandono. Existe o medo de que o estabelecimento de limites possa passar aos filhos dependentes a idéia de que estão sendo abandonados no momento em que mais necessitam de ajuda. Também esses pais afirmam que apenas os pais mais egoístas e insensíveis é que fariam uma coisa dessas.

A armadilha dos pais carinhosos. A "síndrome dos pais carinhosos" é um distúrbio perigoso que atinge certos pais e afeta a percepção, outros sentidos e pontos focais que estejam direcionados a tudo que se refere a seus filhos. E é nessa situação que esses pais permanecem, parados no tempo em que seus filhos eram crianças necessitadas e vulneráveis. Essa lembrança, com todos os sentimentos característicos de pais protetores, pode persistir, mesmo quando as crianças se tornam adultos. E até mesmo quando os filhos se tornam completamente dependentes. O pais, que ainda se mantêm protetores, não conseguem reajustar-se e pensar em um modo de impor restrições.

Agradar o dependente. Esse motivo parece contraditório, mas existe uma razão específica por trás dele e é o medo de que o dependente "não goste do que seus pais estejam fazendo". E essa é uma razão mais do que suficiente para que os pais fiquem longe da determinação de limites de qualquer espécie.

Quando estava à beira da loucura por estar lidando com meus filhos dependentes, a idéia de estabelecer limites jamais se integrou em minha consciência. Quando ouvi esse conceito pela primeira vez, parecia que havia surgido de outro planeta. O quê? Colocar uma barreira entre mim e meus filhos? Esqueça. Eles podiam me ligar às 3 da manhã sob o estupor descabido causado pelas drogas e eu realmente tentaria argumentar com eles. Normalmente demorava de uma semana a dez dias para me recuperar desses episódios dolorosos. Mas, como era um pai que precisava "estar presente" para seus filhos, não importa o que houvesse, eu relevava o fato de ser de madrugada, relevava seus insultos, suas obscenidades e a agressividade que inevitavelmente lançavam sobre mim. Eu agia como se fosse um depósito de lixo municipal de 24 horas. Por causa de minha condescendência, meus filhos se sentiam confortáveis e iam despejando tudo em minhas costas. Isso fazia parte dos excessos maníacos e paranóicos gerados pelas drogas que estavam usando. De um modo extremamente doentio, achava que agindo assim estava "ficando mais próximo" de meus filhos. Eu possuía uma espécie de crença estranha de que a família que vai para o inferno unida consegue manter-se bem e unida.

Foi por meio de um aconselhamento bastante útil e necessário que finalmente percebi que estava desempenhando a função principal, certamente a de pivô, nessa situação. Durante minha primeira sessão, o conselheiro permaneceu em um estado de incredulidade enquanto eu descrevia o tipo de relacionamento que estava mantendo com meus filhos. Se ele ficou impressionado com essa exposição despreocupada do terror que eu estava descrevendo para ele, fiquei igualmente surpreso com a força de sua reação. Ele achou inconcebível que eu tivesse admitido o fato de me tornar um saco de pancadas para meus filhos.

Eu não entendi a reação dele no primeiro momento porque, como muitos outros pais, nunca me havia ocorrido que eu *não deveria ser* um saco de pancadas para meus filhos. Não tenho certeza de onde foi que tirei essa identidade de pai vítima. Mas conforme esse conselheiro mencionou, eu nunca havia provocado esse tipo de reação em nenhuma outra pessoa – amigos, colegas de trabalho ou mesmo outros parentes. Mas com relação aos meus filhos, eu não hesitei em nenhum momento em lhes dar *carta branca*.

No momento em que percebi a grande proporção de problemas que havia em minha estrutura familiar e a parte que me cabia ao estar agindo como uma "pessoa sem determinação", pude compreender que teria de corrigir a situação ao fortalecer minha posição – ou pelo menos deixar claro que os dias de "permissividade" haviam terminado. E, ao deixar de atuar na função passiva de pai vítima, a dinâmica de nossas interações teria de ser mudada. Em um aconselhamento posterior, segui as etapas necessárias para corrigir as situações equivocadas que havia criado para mim e para minha família.

A primeira coisa que fiz foi colocar um ponto-final nas ligações que ocorriam nas primeiras horas da manhã, apenas não atendendo o telefone. Isso enfureceu os meus filhos dependentes ao extremo, uma fúria que deixavam registrada em minha secretária eletrônica. O fato de repentinamente não estar mais disponível durante todo o tempo, de dia ou à noite, era totalmente inacreditável para eles. Finalmente, fizemos um acordo: eles iriam continuar com o abuso e eu aceitaria. Esse acordo agora está ultrapassado.

Nessa fase do meu processo não estava me afastando de meus filhos dependentes. Simplesmente transmitia uma mensagem a eles, informando-lhes que não estaria mais disponível para que despejassem sua fúria de dependentes na minha direção sempre que desejassem. Essa nova postura os enlouqueceu, mas não tanto quanto no momento em que comecei a informar-lhes que o seu comportamento era "inconveniente" (um termo que aprendi com meu conselheiro). Eu repetia essas palavras para eles todas as vezes que começavam a proferir insultos para mim. Demorou muito tempo e demandou muita paciência e controle de minha parte, mas finalmente aprenderam que eu não iria mais admitir que agissem de forma inconveniente comigo. Eles sabiam que se agissem de tal forma, eu estaria decidido a substituir meu número de telefone. Disse-lhes, também, que só poderiam entrar em contato comigo nas horas em que estivesse acordado – uma outra inconveniência, perceber que as horas em que estava acordado eram completamente opostas àquelas em que meus filhos estavam.

O fato de finalmente – desde que meus filhos começaram a usar drogas – não permitir mais que me chamassem por certos nomes desagradáveis, que ameaçassem minha vida e me pedissem grandes somas de dinheiro, surgiu como um choque enorme para eles. E quando deixei de informar-lhes que estava saindo de férias para o Havaí por duas semanas, férias sugeridas por meu conselheiro, um verdadeiro inferno invadiu novamente minhas linhas telefônicas, pelas mensagens demoníacas deixadas por eles nas secretárias eletrônicas.

Nunca é tarde para se estabelecer um limite

A partir do momento em que passei a incorporar limites em minha vida e na de meus filhos dependentes, tornou-se relativamente fácil manter esses limites. Eu nunca havia feito isso antes e esse é um erro que poderia atribuir diretamente à minha falta de conhecimento por ter sido um pai muito jovem. (Posso mesmo admitir que não sabia absolutamente nada a respeito de ser pai.) Quando meus filhos eram novos e estavam com problemas, eu os ameaçava com punições, mas raramente as concretizava. Isso gerou um padrão muito errado. A mensagem final que eu estava passando é que não precisavam assumir a responsabilidade por seus atos. Eles sabiam que seriam perdoados e liberados da punição, que poderiam se livrar de seus problemas e arranjar novos e, ainda assim, não precisariam responder por eles. Portanto, o ato de começar a impor-lhes limites de forma tão repentina quando estavam quase no final da adolescência, foi um golpe profundo para eles.

Limites: eles funcionam dos dois lados da linha estabelecida

Depois de ter começado um plano para corrigir a situação, eu não era mais a mesma pessoa e meus filhos dependentes não sabiam mais como se relacionar comigo. Quando realmente falava com eles, meu enfoque demonstrava minha mudança. Não tentava mais convencê-los a abandonar as drogas ou a arrumarem empregos ou a irem para a escola. Eu estava oficial e permanentemente fora desse esquema. Uma parte fundamental no estabelecimento de limites – e é essencial para todos que tentem fazê-lo – é *deixar de interferir* nas situações que estejam acontecendo do outro lado da linha.

Minha tarefa, a partir do momento em que já me havia enquadrado em uma outra classificação, era simplesmente ouvir, contanto que não houvesse mais agressões verbais, e cuidar de minhas próprias necessidades. Isso significava que eu tinha de dizer não a todas as solicitações não razoáveis como: emprestar dinheiro, ser fiador na compra de um automóvel, pagar fiança para liberá-los de problemas com a lei, e assim por diante.

Existem três coisas a serem lembradas no estabelecimento de limites que realmente funcionam.

1. Há dois lados nitidamente definidos para todos os limites. De um lado da linha estão os pais e tudo o que lhes pertence. Do outro, está o dependente e tudo que lhe pertence.
2. Nenhuma das duas partes precisa saber ou gostar do que está acontecendo do outro lado da linha do limite. Nenhuma das duas partes precisa aprovar nada do que esteja acontecendo do outro lado. A idéia do limite é separar as pessoas e suas opiniões individuais – separar o gostos e as aversões, as crenças, as opiniões e os comportamentos.
3. Não pode haver nenhum contato entre as partes se a influência das drogas ou do álcool tornar impossível uma comunicação com respeito mútuo.

Ferramentas necessárias para manter um limite eficiente

Existem apenas duas: a separação e a habilidade de remover a dramaticidade de cada pequena ocorrência.

A primeira ferramenta, separação, é algo com que você precisa trabalhar para se aperfeiçoar. A verdadeira separação está relacionada aos seus verdadeiros sentimentos. Em outras palavras, você realmente deseja deixar que os outros vivam suas próprias vidas sem a sua interferência ou julgamento? Ou está apenas simulando? Ou está aparentemente calmo e no seu íntimo a realidade é bem diferente?

Quando um pai ou uma mãe sabe que deve se separar de um filho dependente? Quando eles entendem que não há nada que possam fazer para mudar o comportamento desse filho. Um bom modo de se preparar para tomar essa decisão é fazer meditação, que o auxilia a se fortalecer e manter uma forte sensação de paz e harmonia interior. A meditação tem sido indicada por alguns médicos como uma das formas mais importantes de reduzir o estresse e, conseqüentemente, o aparecimento de doenças. A meditação permite que você saia da situação e perceba que sua principal tarefa é tomar conta de si mesmo para que não cair na margem da estrada. Ao tomar conta de si mesmo, você estará dando um grande passo na direção da redução de toda a destruição provocada pelas atitudes e ações dos dependentes. Vinte minutos por dia, reservados só para você, aumentam sua energia e, quando você está com sua energia equilibrada, as coisas negativas o aborrecem menos.

Ter senso de humor em uma situação que não seja necessariamente divertida pode aliviar a tensão dos acontecimentos. Ao tentar não levar tão a sério todas as pequenas ocorrências, você estará reduzindo enormemente o estresse. Existe muita dramaticidade associada à dependência nas drogas e no álcool. Se conseguir perceber o quão ridícula é essa dramaticidade, na maioria das vezes você poderá começar a colocar as coisas em sua verdadeira perspectiva. Se puder simplesmente rir e depois desligar o telefone quando um filho dependente ligar dizendo que deseja sua ajuda para liberar-se da cadeia, você já estará graduado para passar para um outro nível.

Arriscando-se novamente na linha do limite

Os pais em geral cometem um grande erro exatamente no momento em que as coisas parecem estar melhorando. Eles se descuidam e relaxam a guarda. Afrouxam as condições que determinaram para cada limite ou desistem de todas elas, considerando o limite como uma medida temporária e não mais aplicável, já que um certo grau de sanidade foi alcançado.

Quero dizer uma palavra de aviso para todos os pais de dependentes em drogas: NÃO.

Voltar a ter um comportamento que demonstre falta de determinação só irá lançar os pais, o dependente e a família toda novamente nos mesmos e antigos conflitos. Essa resistência recém-adquirida pelos pais deve ser preservada a qualquer custo, pois é apenas por meio dela que a família poderá continuar o processo de recuperação.

Embora o viciado pareça não estar aprovando a barreira que está sendo imposta, não é sempre que isso ocorre. Na verdade, os viciados reagem a essa resistência. Por um lado, desejam que os pais criem padrões mais elevados para que a família possa exercer suas funções de forma bem-sucedida. Por outro, o dependente está sempre à espera de que haja uma brecha na armadura. Ele pode ter-se rendido ao reino dos pais uma vez, mas aproveitará qualquer oportunidade para reconquistar o terreno perdido e novamente derrubar a força deles.

Caos, discórdia e desespero – marcas registradas do dependente – podem irromper a qualquer momento. Manter essa situação longe de você é uma tarefa de 24 horas. Portanto, se estabeleceu alguns limites, persista.

Técnicas avançadas para o estabelecimento de limites

O aprimoramento dos limites é algo possível de ser realizado. As únicas vezes que meus filhos dependentes telefonavam era para me pedir alguma coisa. Depois de ter criado alguns limites, ocorreu-me que talvez pudesse, como parte do "pacote", fazer com que percebessem que eu também era uma pessoa que possuía determinadas necessidades, as quais incluíam um telefonema no meu aniversário, exatamente como eu fazia no aniversário deles, e o desejo de que me perguntassem como estava, assim como eu sempre agia com eles. A incorporação de uma conversação adequada é uma fase importante na criação de limites.

Por meio dessa incorporação, consegui fazer com que meus filhos soubessem que se fôssemos continuar a ter conversas freqüentes, teria de haver reciprocidade da parte deles e teriam de ser atenciosos e gentis comigo, da mesma forma como eu era com eles. Fiz com que soubessem que eu não estaria por perto apenas para pedirem dinheiro. No início, essa linha de raciocínio enfrentou um certo menosprezo por parte deles. Mas quando perceberam que eu estava levando a sério a decisão e que não haveria mais conversas sem que houvesse uma certa civilidade, começaram a ceder. Eu não estava pedindo nada além de uma simples cortesia. Ou deveria exigir?

6
Separando-se do filho dependente

A HISTÓRIA DE STACY E MIKE. Havia dez ou doze pais sentados em círculo, ouvindo uma mulher falar. Seu nome era Stacy. Ela estava com dificuldades para articular as palavras e parecia prestes a chorar. Precisava tomar uma atitude que considerava odiosa, porém necessária, se desejasse sobreviver. Todos nós que estávamos sentados naquele círculo entendíamos exatamente o que ela estava sentindo. Todos já havíamos passado por aquela situação. O marido dela, Mike, um motorista de caminhão com um porte robusto, estava sentado a seu lado e olhava para o chão enquanto ela falava. Ele parecia também estar em estado de choque quando Stacy pediu ao grupo que os apoiasse para que expulsassem de casa sua filha Emma, de dezoito anos, dependente de drogas. Também era evidente que não seria apenas uma situação de despejo: ao colocar essa pessoa para fora de casa, seus pais estavam na verdade dizendo adeus a ela para sempre.

Essa reunião estava sendo realizada na prefeitura local e era chamada de Amor Exigente (e, obviamente, nenhum dos nomes mencionados é real). Esse era talvez mais um entre os milhares de grupos de apoio aos pais que se reúnem no país semanalmente. Os pais freqüentam esses grupos para obterem ajuda e orientação porque sabem que estarão na companhia de outros pais que já tiveram ou estão tendo as mesmas experiências dolorosas que eles. Sabem que obterão uma espécie de ajuda que não encontrarão em nenhum outro lugar, e nesses grupos existem pessoas que entendem exatamente o que está se passando.

Cada uma das pessoas que estava sentada no círculo naquela noite era um pai ou uma mãe que havia chegado à conclusão, anteriormente inadmissível, de que o relacionamento com seu filho dependente havia terminado. E, na maioria dos casos, permanentemente. Stacy explicou como ela e Mike haviam chegado a essa mesma conclusão. "Nós fizemos todo o possível para ajudar nossa filha, mas percebemos que aquela já não era mais a nossa filha. Ela agora é uma dependente de drogas, incurável, que fará qualquer coisa para obter suas drogas."

"Percebemos que esse é um problema para a medicina resolver", acrescentou Mike. "Mas não há remédio na terra que possa devolver a nossa garotinha. Ela já se foi. Quem ficou no seu lugar foi uma pessoa que só tem uma idéia em mente, injetar uma agulha em seus braços. Ela está a ponto de se matar e nos levar junto com ela. Ela está quase conseguindo."

Mike disse essas palavras sem nenhum tom de raiva ou mesmo remorso, mas com resignação. "Nesse exato momento, ou deixamos Emma ir embora ou não sobreviveremos. Nos últimos cinco anos, nós a internamos em dezenas de centros de reabilitação. Todas as vezes que retornava, voltava a usar drogas. E quando Emma se envolvia novamente com as drogas, recomeçava todo o processo. Ela mentia para nós, nos lesava retirando de casa tudo que pudesse carregar e era violenta com sua mãe. Se não conseguisse encontrar dinheiro em casa, apanhava qualquer coisa – uma televisão, um aparelho estéreo ou qualquer outro objeto – e vendia essas coisas para obter dinheiro para as drogas. Posso dizer que já não temos muitos objetos que ela ainda possa roubar."

"Hoje de manhã ocorreu algo que fez o copo transbordar", disse Stacy. "Eu tentei impedi-la de sair de casa com uma coleção de moedas valiosa que Mike ganhou de seu avô. Ela me derrubou e levou a coleção embora. Eu liguei para a polícia logo depois que ela saiu e relatei que ela estava roubando a coleção de moedas. Os policiais conseguiram apanhá-la na estrada antes que tivesse a chance de vender as moedas e a trouxeram de volta para casa. De certo modo, teria sido melhor que tivesse tentado vender a coleção, porque pelo menos assim ela seria presa e desintoxicada. É uma coisa horrível de se dizer, mas me sinto bem melhor quando ela esta atrás das grades. Sinto que ela está mais segura e nós também estamos mais seguros. É somente nessas ocasiões que eu consigo dormir à noite."

Os outros pais que estavam no círculo reconheceram que ela

estava sendo verdadeira em seu depoimento. Todos nós já havíamos passado por várias circunstâncias em que só conseguíamos respirar livremente quando sabíamos que nossos filhos estavam temporariamente ou, em alguns casos, permanentemente, detidos. Quando chega um momento em que os pais desejam ver seus filhos atrás das grades, significa que se deve colocar um ponto final nessa série de inseguranças. E naquela noite, na sala de reuniões, podíamos notoriamente perceber a ausência de qualquer sinal das incertezas contínuas, das esperanças e expectativas de que nossos filhos possam subitamente se recuperar de suas dependências de substâncias químicas e comecem a levar uma vida normal e responsável, deixando-nos orgulhosos.

Exatamente como Stacy e Mike, muitos de nós que freqüentávamos essas salas já recorremos à sabedoria e à experiência de colegas e membros do grupo de apoio para a tarefa de nos libertarmos, pelo menos fisicamente, de nossos filhos dependentes. Existe uma forma correta para esse procedimento. Os pais recebem instruções para encontrar outro lugar para o filho dependente morar, desde que esse filho tenha alcançado a maioridade. O prazo fornecido para ele sair é de uma semana. Em cada dia dessa semana, os pais são instruídos para informar ao filho dependente quantos dias faltam para ele se mudar. Ele geralmente ignora o que os pais estão dizendo e prossegue com suas atitudes destrutivas. Finalmente, no dia determinado, os pais dizem ao dependente que ele tem de arrumar suas coisas, pois é hora de mudar de casa.

Se resistir, como muitos o fazem, com o argumento: "Você não pode me obrigar a sair daqui", os pais são instruídos a explicar que podem pegar o telefone e obter ajuda para obrigá-lo a cumprir a determinação deles. Os filhos dependentes após ouvirem isso em geral saem pacificamente, porque a última coisa que desejam é ter um grupo de pessoas que apoiem seus pais lançando-se contra eles. É nesse momento, em que os pais vêem seus filhos saindo de casa, que devem fazer algo que nunca haviam cogitado ser possível anteriormente: tornar seus corações insensíveis.

Stacy e Mike estavam nos solicitando esse tipo de auxílio e todos nós dissemos que estaríamos disponíveis se eles necessitassem de ajuda para remover Emma de sua casa e, aparentemente, de suas vidas.

"Eu nunca pensei que um dia poderia passar por isso", disse Stacy, subitamente, soluçando em seu lenço.

"Eu também não", concordou Mike. "Por que tem de existir situações na vida em que é preciso escolher entre seu filho e você?"

Como saber o momento certo da separação

Dizer que "você saberá" qual é o momento de romper os laços físicos que o unem ao seu filho dependente é estar certo de que você, como pai, também irá sentir a ruptura dos laços emocionais que os unem. Veja a seguir uma lista dos motivos possíveis que podem levá-lo a tomar providências para que seu filho dependente se separe fisicamente de você. Não precisa ter *todos* esses motivos para chegar a uma conclusão.

O filho dependente é violento. Esse é o motivo número 1 que pode levá-lo a tomar providências para que seu filho dependente deixe de morar com você. Se teme por sua segurança ou pela de outros membros da família – ou pior, se já houve alguma agressão física – o fato de mantê-lo sob o mesmo teto estará apenas contribuindo para que a situação continue.

Estresse. Por causa do comportamento de seu filho e do estresse que ele provoca, você está passando mais tempo do que deveria no consultório médico. Aumentou a dose de seu remédio antidepressivo. Está sempre predisposto à fadiga e às dores de cabeça, como nunca esteve. Sente-se o tempo todo como um suicida.

Suas propriedades estão sendo destruídas. Seu filho dependente destruiu alguma propriedade sua, seja sob o efeito das drogas ou sóbrio. Podemos citar alguns exemplos, como atirar pratos contra a parede, esmurrar a parede com o punho (esse gesto parece ser o favorito, conforme um consenso obtido entre vários pais), chutar portas (esse é outro). E os cenários mais graves variam desde inundar a casa por ter deixado as torneiras abertas ou até incendiá-la.

Suas propriedades estão sendo roubadas. Para financiar a compra de álcool e drogas, o dependente irá olhar para o local mais óbvio onde possa obter dinheiro rapidamente: sua casa. Se o dinheiro propriamente dito não estiver disponível, talvez seu talão de cheques ou cartões de crédito possam servir. Não confie no fato de os bancos não descontarem cheques falsificados, eles fazem isso o tempo todo. E evite deixar disponível antigüidades valiosas, relíquias de família ou ainda aparelhos domésticos – qualquer objeto que possa ser carregado e penhorado. Com relação às ações e ao mercado financeiro, os viciados podem ser extraordinariamente habilidosos e entendidos quando se tratar de transformar esses patrimônios em dinheiro. E existe a possibilidade de você só perceber depois de muitos meses. Têm ocorrido muitos casos como esses. Alguns pais descobrem que até a economia de uma vida inteira foi convertida em um pó branco e fino.

O dependente é uma má influência. Os dependentes adoram andar com más companhias e freqüentemente induzem seus irmãos e irmãs mais novos à dependência. Essa indução começa com o ato de experimentar uma droga e pode conduzi-los à adesão completa e a uma jornada interminável pelo caminho errado.

Você descobre freqüentemente que seu filho dependente esteve mentindo. Os dependentes geralmente são incapazes de dizer a verdade. Talvez você tenha acreditado que seu filho dependente estava indo à escola todos os dias, mas, então, descobre pela secretaria da escola que ele não freqüenta as aulas há um mês. Os dependentes não hesitam nem por um segundo em mentir para seus pais (e para qualquer outra pessoa que lhes convenha). E o fazem de forma tão convincente que os pais esquecem rapidamente todas as outras mentiras que eles contaram. "Você me promete que nunca mais irá consumir drogas?", um dos pais poderá perguntar ao dependente. "É óbvio que prometo", o dependente afirmará aparentando a maior sinceridade: "O que você acha, que eu sou um perdedor? Eu já deixei de usar drogas há seis meses". Essa afirmativa lhe parece familiar?

Você está enfrentando um desastre financeiro. Sua vida financeira é um pesadelo em conseqüência das várias despesas ocasionadas pelo dependente. Você o livrou de várias situações difíceis, custeando-o, mas quem irá auxiliá-lo financeiramente?

O dependente não demonstra o desejo de recuperar-se. Você fez tentativas intermináveis para que seu filho obtivesse ajuda – inutilmente. E sabe que, desde que lhe forneça um teto, ele não irá fazer nenhum esforço próprio para se recuperar.

Isso tudo seria apenas uma desculpa para mandar seu filho embora?

Quando seu filho for um inveterado dependente de drogas, sem a menor intenção de participar de um programa de recuperação, você não estará mandando essa pessoa embora. Estará removendo as conseqüências venenosas dessa dependência, que são uma ameaça para sua própria vida e para seu bem-estar.

Alguns pais estão tão envolvidos nesse lodaçal que não conseguem saber a diferença entre o filho que amam e a dependência química que não apreciam. Para eles, um filho será sempre um filho, não importa o que aconteça.

Somente depois de percebem que se não mudarem o curso das ocorrências, a batalha com o filho dependente se transformará em uma luta de morte, é que alguns pais despertam.

Se o seu filho dependente for maior de idade e estiver se recusando a participar de um programa de recuperação, você deve a si mesmo e ao próprio dependente, o afastamento dele dos limites de seu lar.

Não tente expulsar de casa seu filho dependente sem a ajuda de alguém

A tarefa de expulsar um filho de casa não é fácil para ninguém. Ela parece ir contra todos os instintos que fazem parte da vida de um pai ou uma mãe. Mas essa alternativa de deixar o filho dependente se desligar dos pais torna-se infinitamente pior em conseqüência de tudo que envolve. Para conseguir realizar um plano de se separar de seu filho, os pais precisam do apoio de outros pais que já tenham passado por esse tipo de separação.

O melhor lugar para se encontrar esses outros pais são as salas de reunião do Amor Exigente, Al-Anon, Nar-Anon e Parentes Anônimos. A carga dolorosa que os pais de dependentes carregam é aliviada pela compaixão e compreensão encontrada nesses grupos de apoio.

Para não se sentir sozinho em sua dor e perceber que os problemas enfrentados pelos pais de dependentes são bem mais comuns do que se imagina, esses locais podem ser uma fonte de fortalecimento. Solicitar conselhos de outros pais que já tomaram certas atitudes para se libertarem e permitir que o auxiliem a alcançar sua meta é a melhor forma de realizar a transição. Esse tipo de ajuda não acontece voluntariamente, ela precisa ser solicitado.

Libertar-se de seu filho dependente: os prós

No momento em que todas as providências já tenham sido tomadas e tudo já tenha sido resolvido, a maioria dos pais que se separa fisicamente de seus filhos dependentes sente um alívio surpreendente.

É extremamente gratificante e agradável o fato de não estar sob um estresse contínuo provocado pela presença de uma pessoa empenhada constantemente em causar destruição e transtorno. Tanto você quanto os outros membros de sua família sentirão a mudança no ambiente quase de imediato.

Tomar providências para que seu filho dependente se mude de sua casa lhe dará tempo para ter uma perspectiva melhor sobre a situação e acumular suas reservas emocionais que foram esgotadas. Estando em um ambiente mais saudável, perceberá que ao se manter longe do campo de manipulação de seu filho dependente, você estará dando a si mesmo a chance de uma recuperação física e mental bastante necessária.

Você não terá mais de ficar o tempo todo em estado de vigilância, tentando se fortalecer para a tarefa árdua e diária de lutar contra o derrotismo que está intimamente associado aos drogados e aos alcoolistas.

Os relacionamentos que havia deixado de lado para poder atender ao dependente – assim como seu cônjuge e os outros filhos – podem ser retomados. Você terá mais tempo para recuperar esses relacionamentos que possam ter sido abalados por sua negligência.

Os objetos valiosos não precisarão mais ser trancados. Você poderá voltar aos seus hábitos anteriores de deixar a TV na sala de estar e suas jóias na caixa de jóias, sem ter de se preocupar com isso.

Não estará mais convivendo com o medo das "surpresas" relacionadas com destruição, provocadas pelo dependente, que lhe aguardavam todos os dias.

Também não terá de ficar andando na ponta dos pés ou vigiando cada uma de suas palavras, como costumava fazer na presença do dependente, para evitar reações violentas da parte dele.

E, finalmente, poderá se dedicar àquelas metas de sua carreira e aos passatempos para os quais não tinha tempo ou energia, enquanto seu filho dependente estava ocupado em violar todos os padrões básicos de uma vida doméstica normal.

Libertar-se de seu filho dependente: imprevistos

A libertação é uma situação agradável, mas pode ter pouca duração. O que freqüentemente ocorre depois de se obrigar um filho dependente a sair de casa é o aparecimento de um sentimento sufocante de culpa e medo. Culpa pelo que os pais tiveram de fazer – e fizeram

– e medo porque esses pais não têm a menor idéia de como o filho dependente pode estar vivendo.

O estresse que o dependente gerava nos pais, por sua proximidade, é substituído pelo estresse que os próprios pais passam a gerar em conseqüência de suas agonias auto-impostas relativas à culpa e ao medo. Ao ponderar essas duas alternativas, os pais freqüentemente deixam-se levar pelo sentimento de que ter o filho dependente morando fora de casa é pior do que tê-lo em casa.

E é justamente nesse momento que esses pais, repletos de remorso, entram no carro e vão buscar seu filho dependente. Às vezes isso ocorre exatamente algumas horas depois da separação.

Qualquer benefício proveniente dessa expulsão, será, pois, anulado para sempre e a credibilidade dos pais ficará seriamente diminuída. Ainda que existam condições com as quais o dependente concorde para se reintegrar ao seu lar, as ocorrências do passado mostram que um dependente não tem capacidade para manter seus acordos – os pais que impõem essas condições já não ficaram desapontados com o filho dependente numerosas vezes? Se os pais não conseguiam lidar com o comportamento do filho dependente antes da referida mudança, depois de o chamarem de volta para casa a situação não ficará melhor. E a ordem do dia passará a ser a confusão, com a intensificação da luta diária entre os pais e o filho dependente.

Como se proteger de si mesmo

No momento em que o filho dependente está fora de casa, o inimigo – o comportamento do dependente de drogas e do álcool – também está ausente. Mas um poderoso inimigo permanece, agindo por trás do cenário: sua mente. Não existe nada pior do que a combinação letal entre seu cérebro e sua imaginação para fazê-lo fracassar em suas intenções. Se fizermos uma comparação, notaremos que é mais fácil romper relações com seu filho dependente do que com seus próprios recursos de auto-sabotagem. O cérebro é extremamente clamoroso e tentará dissuadi-lo a cada momento – fazendo com que duvide de sua decisão de expulsar o dependente, criando quadros muito nítidos, nos quais este aparece confuso e indefeso, em um lugar estranho, mostrando-lhe o quanto você foi impaciente, injusto e altamente irracional.

No momento em que o cérebro lhe passar todas essas conclusões, você estará pronto para se render. As decisões que tomou e pa-

85

reciam tão corretas na hora, lhe parecerão erradas. Mas existem formas de preservar sua decisão, assim como a paz que você procura. Veja a seguir.

Não faça nada. Tome uma decisão de não fazer nada com relação ao filho dependente, pelo menos durante um mês.

Não reprima nenhum pensamento. Deixe seu cérebro ficar no pódio. Ouça atentamente tudo que ele tem a dizer. Deixe-o discursar e falar com entusiasmo e até mesmo lançar acusações a você, para que suas percepções sejam completamente esgotadas. Permaneça centrado à medida que estiver passando pelo processo de responder a cada uma das críticas endereçadas a você. Ao fornecer calmamente a si mesmo os motivos que o levaram a expulsar o filho dependente de casa, verá que não havia outra escolha – pois, na verdade, nem você e nem seu cérebro sobreviveriam.

Acalme sua cabeça Se o sua cabeça não quiser ceder, faça uma análise dessa mesma lista de críticas com um terapeuta (um especialista que já tenha lidado com os problemas gerados pela dependência do álcool e das drogas) ou com alguém de um grupo de apoio.

Mantenha sua lucidez. Sob qualquer circunstância, não se envolva em conversas com pessoas que tiveram pouca ou nenhuma experiência em lidar com a dependência das drogas ou do álcool. Mesmo o amigo mais compreensivo e mais gentil poderá ter dificuldades em entender suas atitudes (leia mais sobre esse assunto no próximo capítulo).

Mantenha-se ocupado. Dedique-se a um projeto que o absorva por completo. Assuma um compromisso consigo mesmo de que concluirá esse projeto. Não deixe que nada, principalmente o seu cérebro, se interponha em seu caminho.

Retome seus relacionamentos. Renove o relacionamento com os membros da família (especialmente com seu cônjuge e os outros filhos) e com os amigos que possam ter sido deixados de lado enquanto o filho dependente ocupava o centro da sua vida.

Não se isole. Um cérebro com uma tonelada de negatividade a ser descarregada em algum lugar adorará encontrar uma audiência cativa: você.

Você não abandonou o filho dependente, ele o abandonou

Existe uma verdade que os pais de filhos dependentes precisam aceitar: o filho foi embora. Seu corpo pode estar presente, mas enquanto estiver sob a influência das drogas ou do álcool, estará completamente distante dos outros. As drogas e o álcool atuam de tal modo que substituem a personalidade da pessoa que você amou, criou e cuidou por uma outra, estranha e demente. Os pais tendem a reagir a esse intruso da mesma maneira que o fariam se um ladrão estivesse invadindo seus lares. O fato é que o filho que está quimicamente dependente *é* um ladrão que invadiu seu lar e roubou sua paz de espírito. Isso não é ficção científica. Isso é real. Exceto pelo fato de que parece irreal. Os pais não podem criar um relatório e entregá-lo para as organizações de crianças desaparecidas ou solicitar à polícia que procure seus filhos pela vizinhança. Em vez disso, muitas vezes, continuam em seu caminho inútil, tentando alcançar seus filhos quimicamente dependentes. Isto é, até que percebam que não existe nada a ser alcançado.

Lembre-se do modo como eles eram

Os dependentes, em conseqüência da natureza específica de sua doença, geram ao seu redor uma atmosfera de melancolia e opressão. Eles manejam o pessimismo e o desespero da mesma forma que um ceramista trabalha com a argila, moldando-os em monumentos grandes demais, que os pais não têm como ocultar. Os pais que conseguem manter um mínimo de recordações agradáveis ocorridas durante a convivência com o dependente são realmente pessoas de sorte. Muito mais comum é a total e completa desconsideração do dependente pela harmonia e a alegria que há na experiência familiar ou na preservação de lembranças queridas.

Ao saturar o ambiente com energia negativa, o dependente influencia de tal forma os pais, que torna frustrantes os momentos que normalmente seriam agradáveis de se recordar: a refeição de um domingo ou feriado, a graduação que nunca ocorreu, a ligação amável e próxima que une os pais e os filhos. Quando finalmente o dependente vai embora e muda-se para outro local, podem existir poucas recordações de momentos bonitos e significativos.

Felizmente, o dependente não consegue apagar da caixa de recordações dos pais a lembrança de como era seu filho quando mais novo. E esse filho, de algum modo, ainda permanece vivo em seus corações. E, certamente, em algum álbum de fotografia. Freqüentemente olho as fotografias que meus filhos tiraram quando eram mais novos e me lembro das ocasiões em que foram tiradas. Há uma fotografia de meu filho mais novo tirada exatamente quando começou a andar e a falar. Ele caminhava vacilante na beira da praia. Lembrome de ter-lhe perguntado se iria entrar na água e ele, depois de fazer uma pausa para pensar, finalmente respondeu que não iria, pois a água estava "muito molhada". E também há uma foto de seu irmão abaixado na parte traseira de nossa caminhonete, que foi tirada na volta de uma viagem a um lindo castelo na Inglaterra, onde estávamos morando naquela época. Enquanto olhava para mim, ele dizia, demonstrando cansaço: "Eu não quero mais ver nada bonito".

O presente pode estar frustrado pela ausência de beleza que acompanha a dependência em geral, mas o passado ainda permanece intacto. Todas as situações divertidas que você viveu e os momentos otimistas ainda estão guardados na lembrança.

Em uma sociedade que nos impele a destruir o passado, essas lembranças têm de ser preservadas.

Esperança: você ainda tem o direito de cultivá-la

Alguns dependentes conseguem se recuperar. Outros não. Não se pode afirmar que o seu filho dependente realmente não venha a ficar cansado de tanto destruir a própria vida.

O principal fato a ser lembrado é que independentemente do que seu filho decida fazer, você não deve destruir a *sua própria* vida.

7

Outras pessoas o condenarão: não se importe com elas

A HISTÓRIA DE CAROLINE E WILL. Ser publicamente denunciado por amigos e pela família não nos deixa em uma posição especialmente confortável, conforme descobriram Caroline e Will. Após terem ameaçado colocar na rua o filho dependente de drogas – um jovem de dezesseis anos – se ele não freqüentasse um programa de recuperação, Caroline e Will se tornaram o foco de um desagradável e violento ataque da família que provavelmente teria ainda maiores conseqüências.

Permanecemos no lar deles discutindo o quão isolados se sentiam em sua pequena cidade natal.

O filho deles, Jeremy, falou bem alto, para todos que o estavam ouvindo, que era maltratado pelos pais. Negou todas as alegações sobre o fato de ser um usuário de drogas, dizendo que nunca havia sido. Como era previsto, Caroline e Will não prosseguiram com a tentativa de dissuadir qualquer um dos membros exaltados de sua família de acreditar na história astuciosa de Jeremy sobre o fato de ter sido agredido por seus pais.

"Que sentido teria?", perguntou Caroline. "E, de qualquer forma, quem acreditaria em nós? Jeremy é um verdadeiro ator, ele pode fazer as pessoas acreditarem em qualquer coisa que deseje. Will e eu não fomos também enganados durante muito tempo? E, apesar de tudo isso, mesmo se soubessem da verdade, jamais iriam culpar Jeremy. Eles nos culpariam. Diriam que sua dependência era nossa culpa e que se tivéssemos, antes de mais nada, sido bons pais, ele não teria se tornado um dependente. Esse é o modo de pensar de nossa família."

"Em nossa família, ou você empurra a sujeira para debaixo do tapete ou ela será atirada diretamente no seu rosto", disse Will.

"Nosso maior erro foi ter contado tudo para minha mãe", afirmou Caroline. "Nós contamos a ela todos os detalhes sobre Jeremy e sua dependência das drogas e você sabe o que ela perguntou? Ela nos perguntou se tínhamos certeza de que não éramos *nós* que estávamos usando drogas. A verdade é que ela não acreditou em nós. Então, quando mostramos a ela alguns dos acessórios que Jeremy usava com suas drogas, ela negou tudo e colocou um ponto final no assunto. Posteriormente, quando lhe contamos que demos um ultimato a Jeremy para que ele abandonasse as drogas ou saísse de casa, criou-se um grande tumulto. Ela acusou Will e a mim de difamarmos Jeremy e de termos mentido a respeito do fato de ele usar drogas apenas para nos livrarmos dele. Eu disse a ela que se não acreditava em mim, tudo que precisava fazer era levar Jeremy para fazer um exame de urina e ela simplesmente desligou o telefone sem responder nada. O fato subseqüente que ficamos sabendo é que havia levado Jeremy para morar com ela – sem nem mesmo nos informar que iria fazer isso. Apenas entrou em nossa casa um dia, chamou Jeremy, pegou seus pertences e eles saíram – sem nos dizer nada, embora soubéssemos que já havia dito muitas coisas para todos os outros membros da família. Ela e todo o restante da família estavam sendo enganados por Jeremy, com certeza".

"Esse tipo de atitude destruiu o relacionamento que possuíamos com nossos familiares", disse Will. "Minha própria irmã me chamou por vários nomes desagradáveis e se recusa a ter qualquer tipo de contato conosco. Nossos amigos que têm filhos na idade de Jeremy nos abandonaram por completo – e eles eram amigos que tínhamos há muitos anos!"

"Vocês acham que agiram de forma correta ao darem o ultimato a Jeremy?", perguntei.

"Você já tentou viver com um dependente?", retrucou Caroline. "Esse menino quase nos levou à loucura com suas mentiras e com as decepções que nos causou. No início, não sabíamos o que estava acontecendo, mas depois encontramos Jeremy com seu cachimbo. Descobrimos que estava usando todos os tipos de drogas, inclusive LSD. Fiquei chocada, para mim tudo aquilo era inacreditável. Isto é, eu ouvia falar a respeito dessas coisas, mas nunca esperava que poderia acontecer em minha própria casa e com meu próprio filho. Nós não sabíamos como ele custeava suas drogas, mas, de repente, os fatos estavam se encaixando: o dinheiro que estava sempre faltando em minha carteira, os itens domésticos que desapareciam, o dinheiro que ele conseguia furtar com nossos cartões de crédito, o lindo relógio de pulso de diamantes que eu pensava ter perdido, mas que na verdade não estava perdido..."

"Fiquei furioso quando descobri a respeito de toda essa negociação com as drogas", disse Will. "Mas Jeremy nos deixava totalmente vulneráveis demonstrando sua boa vontade em falar sobre o assunto. Ele parecia muito honesto e franco. Dizia que odiava estar nos enganando daquela forma. Afirmava que nos amava e que não desejava mais nos magoar. Prometia que iria freqüentar um programa de recuperação. Acreditamos nele quando disse que realmente desejava parar de usar drogas e que precisava de nossa ajuda. É óbvio que dissemos que faríamos qualquer coisa que pudéssemos, que o levaríamos a um centro de reabilitação, que o ajudaríamos a largar o vício. Dissemos que estaríamos ao lado dele em todas as horas e para tudo que ele precisasse. Mas não demorou muito para que percebêssemos que estava apenas querendo ganhar tempo, tentando nos apaziguar. Tudo fazia parte de um conjunto de mentiras. A sua única intenção era nos usar."

"Ele sugava nosso sangue", Caroline afirmou.

"A situação atingiu seu ponto culminante quando percebemos que Jeremy continuava a usar drogas e se recusava a cumprir sua promessa de freqüentar o centro de reabilitação que achamos e providenciamos para ele", prosseguia Caroline. "Afirmou categoricamente que se recusava a freqüentá-lo. Foi nesse momento que dissemos para ele decidir se iria freqüentar o centro de reabilitação para ter nosso apoio ou se iria continuar usando drogas e nesse caso ele teria de procurar outro lugar para morar. Acredito que foi nesse período que apelou para minha mãe. O fato interessante é que Jeremy continua freqüentando o curso secundário e continua recebendo notas altas. Quem olha para ele, pensa que é apenas um garoto que faz parte do padrão médio dos adolescentes americanos honestos. E é exatamente isso que deseja que as pessoas pensem a respeito dele. É uma ótima capa de proteção. Enquanto isso, estou com medo de sair de casa. Outro dia, quando estava no supermercado, uma mulher que eu nunca havia visto antes, caminhou diretamente na minha direção e me disse que eu era um monstro."

"Eu tive vários problemas com os negócios", disse Will. "Um dos meus clientes, cujo filho freqüenta a mesma escola que Jeremy, me censurou pela forma como lidamos com o assunto. Ele me disse que deveríamos nos ajoelhar e pedir perdão a Jeremy. Você pode acreditar nisso?"

Por ter passado pessoalmente por uma situação dessas, eu realmente acreditei.

A arte de representar que o dependente possui

Alguns dos melhores enganadores do mundo são os dependentes de drogas e álcool. Eles têm de ser bons – a manutenção de sua dependência química depende dessa arte. Para continuar a fazer o que estão fazendo – injetando, aspirando, e/ou ingerindo uma variedade de substâncias químicas que alteram a mente – precisam contar com o apoio dos outros. Isso é válido principalmente com relação ao dinheiro para comprar as substâncias químicas, mas também para suas necessidades básicas (embora sejam menos importantes para eles), assim como um abrigo e refeições ocasionais.

O sucesso da lábia de apresentação e abordagem do dependente é crucial para o êxito de suas intenções enganadoras. Confessar que é um dependente é arriscado, embora haja uma tendência de "simplesmente dizer a verdade" sobre seus vícios e deixar claro para todos que o dinheiro solicitado será mesmo destinado para comprar substâncias químicas. Apesar de essa tendência funcionar algumas vezes, não é tão eficiente quanto os outros métodos que utiliza para solicitar recursos financeiros. Para a maioria dos dependentes, o fato de contar a verdade já determina sua sorte desde o início, pois uma grande parte das pessoas considera-os como seres fracos, desonestos, irresponsáveis e dotados de mentes com tendências criminosas. Para neutralizar essa crença genérica, muitos esforçam-se para dar uma impressão completamente diferente: aquela que possa provocar lágrimas nos olhos de seus ouvintes – o discurso já conhecido sobre as crianças pobres, inocentes, incompreendidas e mal-amadas que fazem parte da sociedade e foram "expulsas" por suas famílias.

Eles precisam convencer seus prováveis benfeitores de que seus pais nunca se preocuparam com eles, nunca lhes fizeram elogios, sempre acharam que eles "eram um estorvo" e finalmente que estavam querendo se livrar deles. Esses relatos raramente se diferem uns dos outros. (Por que mudar uma história que sempre funciona?) Tudo que lhes importa é conseguir fazer com que o benfeitor escolhido fique com uma raiva justificada contra seus pais e, ao mesmo tempo, tenha simpatia e sinta pena deles.

Quando um de meus filhos estava em um centro de reabilitação, há vários anos, recuperando-se de uma dependência bastante grave, fui informado, durante uma sessão de orientação, de que eu seria solicitado a freqüentar semanalmente as reuniões do Al-Anon que eram realizadas em uma área livre, juntamente com outros pais e pessoas que amavam e visitavam os dependentes que estavam em recuperação. O motivo alegado era o fato de que não era apenas o dependente que estava doente e precisando de ajuda; na maioria dos casos, a família também precisava de orientação e eu concordava com essa afirmação. Essas reuniões eram organizadas de modo que pudéssemos, antes de qualquer coisa, explorar o funcionamento do cérebro de um dependente. E com a mesma importância, explorávamos o motivo pelo qual nós, como muitos pais, esposas, maridos, irmãos e irmãs, concordávamos em aceitar a função de protetor e salvador desses dependentes.

Durante o primeiro desses encontros, o diretor do centro, uma pessoa que se havia recuperado do uso de drogas, deu uma olhada em todos nós – os pais, cônjuges e irmãos dos dependentes – que estávamos sentados na frente dele em um pequeno teatro. Então, com um sorriso irônico, comentou como seria fácil para ele "dominar o ambiente" ou, em outras palavras, obter de qualquer um de nós ou de todos nós tudo que desejasse, apesar do fato de sermos totalmente estranhos para ele. Disse que tudo que precisava fazer era nos convencer com aquela conversa enganosa que já havia praticado com centenas de pessoas no tempo em que era dependente. Afirmou também que com uma sinceridade treinada e com sua conveniente capacidade de convencer as pessoas, não levaria muito tempo para que nos persuadisse a levá-lo para nossos lares, a acolhê-lo em nossos corações, dar-lhe dinheiro ou sermos avalistas de um empréstimo para a compra de automóvel. Ou todas as opções citadas.

Parece impossível, mas julgando por tudo o que nós mesmos vimos e ouvimos (e fizemos), havia realmente uma grande verdade naquilo que o diretor estava dizendo. Não há ninguém no mundo com uma aparência mais genuína ou mais persuasiva do que um dependente. E não existe ninguém mais crédulo do que as pessoas que desejam dar ouvidos a um dependente.

O diretor explicou que ao se referir aos dependentes de drogas e de álcool, não estava mencionando aqueles que vivem nas ruas e são verdadeiros mendigos. Em vez disso, referia-se aos que se apresentam e agem de maneira aparentemente normal e racional e que, apenas intencionalmente, surgem com suas histórias sobre sua má sorte bem ensaiadas e prontas para serem relatadas.

Ao se colocar na posição de uma pessoa desamparada e digna de compaixão, o dependente irá relatar como sua mãe e seu pai, sem nenhum motivo – pelo menos, sem nenhum motivo aparente que *ele* pudesse perceber – colocaram-no para fora de casa e disseram que não havia mais nada que pudessem fazer por ele. Declarações como essa têm a intenção de chocar as pessoas com relação à crueldade que os pais tiveram ao descartá-lo tão facilmente. Têm também a intenção de conquistar o fundo do coração (e o fundo da carteira) do ouvinte, gerando, dessa forma, uma grande simpatia da parte dele. O dependente sabe que descobriu uma mina de ouro quando seu novo aliado promete ajudar, de qualquer maneira possível, essa pobre criança, tão vulnerável nesse mundo atual, enfim, esse pobre *órfão*. Onde os dependentes aprendem tão bem essa arte de persuadir? Eles têm muita prática.

Os pais são as primeiras pessoas que os dependentes usam para aprimorar suas incríveis habilidades de persuasão verbal. É um talento que vai perdurar enquanto perdurarem também a paciência e a ingenuidade dos pais, o que algumas vezes pode significar décadas. E quando essa fonte seca e os pais finalmente começam a não se submeter mais aos poderes de persuasão do dependente, ele precisa sair e encontrar uma outra parte interessada. Pode ser *qualquer* parte interessada. Segurança para o dependente significa ter sempre disponível uma pessoa que possa socorrê-lo. Não importa quem seja essa pessoa, contanto que lhe forneça tudo de que necessita.

Os dependentes parecem estar sempre providos de um talento sobrenatural para encontrar um lugar aconchegante no coração de uma pessoa. Com uma abordagem muito difícil de resistir, um dependente pode, em geral, conquistar uma série de benfeitores. As pessoas mais suscetíveis à arte de persuasão dele são (depois de seus pais) seus outros parentes e amigos da família. Quanto maior a família, melhor. Os dependentes irão abordar a *todos* no devido tempo. O alvo pode ser um parente distante que nunca o tenha *visto*, mas que, todavia, tenha uma ligação consanguínea. O fato de possuir o mesmo sangue significa um vínculo extraordinário e um cartão de apresentação muito útil. Quase nunca o dependente faz uma abordagem direta e sem rodeios. Freqüentemente, basta fazer uma ligação telefônica explicando o dilema em que se encontra com "seus pais cruéis e insensíveis", para que o parente distante, que ficou escandalizado, preste a essa "vítima dos pais" um apoio financeiro imediato e passe a bombardear seus pais com ligações telefônicas e cartas exigindo que também apóiem o filho.

Em muitos casos, essas pessoas bem-intencionadas, porém mal-orientadas, deixam de investigar se existe algo além daquilo que o dependente lhes contou. Em minha própria experiência, essas pessoas quase nunca perguntavam a versão da história do lado dos pais. Na maioria das vezes, simplesmente imaginam o quadro descrito pelo dependente e assumem a função de salvador dele. A interferência dessas pessoas nas situações que não lhes dizem respeito somente agrava o problema, causando mais mal do que bem.

O dependente é sempre tão convincente que qualquer defesa realizada por parte dos pais é sempre recebida como suspeita, especialmente quando estes estão se sentindo ultrajados pela intromissão. As suas explosões emocionais dos pais simplesmente confirmam ao recente "salvador" aquilo que o dependente já havia indicado, isto é, que os pais possuem um temperamento desenfreado, que são instáveis e obviamente desejam se livrar dos filhos, deixando-os na beira da estrada. De que provas mais eles precisam?

Mais loucos que os dependentes

Os pais de um dependente com freqüência aparentam ser pessoas que necessitam ser avaliadas mentalmente. Os dependentes, em compensação, aparentam ser totalmente sãos e normais.

Isso ocorre porque os pais geralmente sucumbem ao estresse e à preocupação com relação aos seus filhos dependentes. Além disso se sentem física e mentalmente doentes. Não conseguem dormir à noite. Perdem ou ganham muito peso – nunca permanecem estáveis. Interpretam tudo que as outras pessoas dizem com malícia e reagem com agressividade a tudo que entendem com uma desconsideração pessoal. Quando esses pais de dependentes conseguem permanecer casados, em geral participam de terríveis sessões de culpa. Gritam com muita facilidade, algumas vezes em locais públicos. Falam com desatino e agressividade com seus colegas de trabalho, balconistas de lojas, amigos, parentes e, na maior parte do tempo, entre eles mesmos.

Enquanto os dependentes têm obsessão por suas drogas, os pais seriamente afetados têm obsessão pelo dependente. Eles não conseguem falar sobre nenhum outro assunto. Depois de algum tempo, com suas intermináveis ladainhas referentes aos seus filhos dependentes, espantam todos os amigos fiéis ou partidários que possam ter tido. Um outro sinal de suas características obsessivas é o medo de sair de casa. E, se o fato de precisar sair de casa pode deixá-los preocupados, ter de sair da cidade irá certamente provocar um ataque de pânico. Os pais de dependentes sentem que precisam ficar sempre ao lado do telefone para estarem disponíveis se o filho telefonar.

Na sua grande maioria, esses pais fazem muito pouco ou nada para diminuírem seus altos níveis de ansiedade. Não sabem como relaxar ou aproveitar as coisas boas de suas vidas. E também não procuram se dedicar a qualquer uma das opções existentes para a redução do estresse, assim como ioga, meditação, exercícios e orientação terapêutica para aliviar a enorme tensão emocional à qual estão sendo submetidos.

Alguns pais de dependentes passam a utilizar drogas (sob prescrição ou não) e álcool. Falar em cometer suicídio é comum entre esses pais. E a concretização do ato também pode ser comum entre eles.

Se as pessoas acham que esses pais estão desequilibrados é porque, na verdade, eles estão mesmo.

Quem se importa com o que as pessoas dizem? Talvez você se importe

Lidar apenas com o dependente é uma coisa, mas quando ele consegue angariar o apoio de pessoas que aparentam fazer parte de um verdadeiro exército de partidários de sua causa – e a maioria delas é proveniente de sua própria família ou grupo de amigos –, os pais ficam ainda mais propensos a se sentirem desequilibrados. Em conseqüência da ampla cadeia que funciona em *todas* as famílias, os pais que expulsaram seus filhos dependentes de casa de repente passam a cair no desagrado de todos. Os telefonemas aumentam consideravelmente. E, em geral, são provenientes de pessoas que nunca tiveram de lidar com um dependente em suas vidas, mas que estão dispostas a acreditar em cada palavra que faça parte da dolorosa história de maus-tratos, mencionada pelo "jovem Jeremy" ou pela "jovem Emily". Além disso, essas pessoas estão dispostas a oferecer voluntariamente suas opiniões sobre o modo pelo qual você deveria ter lidado com a situação, e ainda sobre a maneira pela qual deve agir para compensar o terrível estrago que fez.

Obviamente, quanto mais convincente for a história do dependente, menos será a dos pais. Essa é uma situação clássica que pode ser vivida atualmente por milhares de famílias. Os dependentes interpretam seus papéis de vítima com um desempenho digno de ganhar o Oscar e sempre tomam as devidas precauções para não deixar que os outros membros da família testemunhem os efeitos estranhos que as substâncias químicas exercem sobre eles. E, mesmo quando são descobertos, os dependentes podem (e realmente o fazem) culpar os pais por todos os seus infortúnios. Essas pessoas que se compadecem com as mágoas do dependente – que não conhecem o modo de agir deles – tendem a despejar ainda mais culpa nas costas dos pais. E tudo isso, além da própria culpa que os pais já assumem para si mesmos, gera uma carga ainda mais pesada.

Os pais que sentem necessidade de agradar as pessoas

As coisas podem realmente ficar difíceis se os pais forem pessoas que necessitam sempre da aprovação dos outros. Para esses tipos de pais, a confrontação com os demais membros da família, amigos ou colegas de trabalho (ou qualquer outra pessoa, que esteja relacionada ao assunto) pode ser torturante. A preocupação com a opinião dos outros conduz a sentimentos de insegurança, culpa, medo, imperfeição e auto-recriminação. Por ter a sensação de que devem conciliar o mundo, a maioria dos pais que sente necessidade de agradar às pessoas, permite que os outros estejam sempre persuadindo-os a respeito de qualquer coisa. Nesses casos, as decisões insensatas quase sempre são inevitáveis.

Algumas vezes, os pais que necessitam agradar às pessoas são influenciados por elas e se originalmente achavam que haviam tomado a decisão correta ao expulsar o filho dependente de casa, passam a acreditar que agiram de forma errada. É nesses momentos que esses pais, intimidados e enfraquecidos pelos familiares e amigos, permitem que o dependente retorne ao lar, sem restrições ou condições de qualquer espécie.

Veja a seguir algumas etapas que podem ajudar os pais que sentem necessidade de agradar as pessoas a alcançar um ponto de vista mais equilibrado:

Aceite o modo de pensar das outras pessoas. Tenha em mente que só pelo fato de *ter* um filho dependente, você automaticamente está qualificado como um mau pai ou uma má mãe perante a maioria das pessoas – um alvo em potencial para a lista mais importante dos fofoqueiros.

Esqueça o modo de pensar das outras pessoas. Ignore o que as outras pessoas falam ou fazem. Elas não têm poder sobre você. A única pessoa que tem poder sobre você é você mesmo.

Faça algumas pesquisas. Procure no seu passado os motivos pelos quais você se tornou uma pessoa que sente necessidade de agradar os outros. Não há dúvidas de que começou a agir assim para se sentir amado. Mas, honestamente, além do fato de você evitar se sentir seriamente *mal-amado*, existem outros benefícios reais nesse processo? Você não se sente um pouco tolo no papel de alguém com uma necessidade constante de agradar aos outros?

Enumere suas perdas. Pense em tudo que já perdeu ao ser negligente consigo mesmo. Enquanto várias outras pessoas já se beneficiaram com seus sacrifícios, você tem permanecido no mesmo antigo papel, ano após ano. Você se doou, serviu e perdeu.

Acabe com esse seu papel de agradar pessoas. Tente compreender como é antinatural ser uma pessoa que vive agradando aos outros. Observe que todo mundo age como um tolo algumas vezes, grita algumas ve-zes, é egoísta algumas vezes. Isso significa ser uma pessoa normal. As pessoas que necessitam agradar aos outros parecem pensar que precisam agir o tempo todo com muito decoro, reprimindo todas as emoções humanas apenas para parecerem boas. Enfim, ser uma pessoa que vive agradando aos outros equivale a ser alguém completamente desonesto.

Assuma responsabilidade. Comece a entender que o fato de ser uma pessoa que vive agradando aos outros pode estar contribuindo seriamente para a situação em que se encontra. Ao ficar agradando todo mundo – principalmente o dependente – você está negando as oportunidades de aprender e crescer com suas próprias experiências de vida. Afinal, ser uma pessoa que vive agradando todo mundo significa também ser alguém que tem intenções profundamente egoístas.

Como lidar com parentes e amigos que são intrometidos

A média das pessoas intrometidas costuma dizer: "Não importa o que o seu filho fez. Não importa que tenha corrido atrás de você com um machado. Não importa se tentou incendiar a casa com você dentro. Não importa se já lhe roubou indiscriminadamente. Os pais não podem simplesmente mandar seus filhos embora de casa por serem dependentes de drogas, álcool ou por qualquer outro motivo. Você precisa abraçar seu filho e dizer-lhe que tudo vai ficar bem e que vocês irão resolver os problemas juntos."

Muito bem.

É interessante como existem tantas pessoas – algumas delas são profissionais da área de saúde mental – que aconselham os pais que a forma correta de lidar com o dependente é garantir que juntos vocês conseguirão lidar com a situação. Como se você já não tivesse trilhado essa antiga e improfícua rota milhões de vezes.

A questão é a seguinte: você, como pai ou mãe de um filho completamente dependente das drogas e violento, vai tentar essa solução mais uma vez? Ou vai empreender uma ação realmente positiva que possa calar a voz dessa pessoa intrometida?

1. Você não precisa explicar suas ações para ninguém, especialmente para pessoas que não estejam diretamente envolvidas com seu filho dependente. Pode até desejar dar-lhes alguma explicação uma ou talvez duas vezes. Mas não perca seu tempo ou seu fôlego depois disso.

2. Dê a si mesmo um tempo para processar sua sensação de raiva, frustração e dor. É perfeitamente normal sentir raiva ao receber imposições de tantos "especialistas" que começam a lançar conselhos sem que lhes tenha sido solicitado e sem a mais remota idéia do que seja a loucura destrutiva de um dependente.

3. Após ter-se acalmado, reconheça que apesar de ser desagradável, injusto e inevitável o fato de as pessoas o julgarem, isso vai acontecer sempre para todos nós. Não há nada que você possa fazer, a não ser aceitar esse julgamento como o preço que tem de pagar para acertar sua vida e recuperar a sanidade.

4. Informe a esses vários intrometidos que o estão perseguindo que você irá *telefonar* para eles quando precisar de ajuda e que eles não precisam ligar para *você*. Pode escutar previamente suas ligações telefônicas, antes de serem atendidas, se os intrometidos quiserem continuar mantendo contato.

5. Não gaste mais energia com os intrometidos. Você tem coisas muito mais importantes para fazer do que conquistá-los ou permanecer em um padrão mental de ressentimento, que não é nem construtivo nem consolador.

6. Se alguma dessas pessoas intrometidas intercederem a favor do dependente, fornecendo a ele algumas ou todas as coisas que você tenha deixado de fornecer – assim como alimentação, abrigo e dinheiro (especialmente dinheiro), permaneça afastado. Pode levar apenas algum tempo para que esse intrometido descubra o quão enganadora e destrutiva pode ser a natureza do dependente para ele mesmo. Por outro lado, pode ser que esse intrometido nunca venha a descobrir essas características, mesmo se elas estiverem bem estampadas no rosto do dependente. De qualquer modo, você não deve se envolver.

7. Diferencie entre aquilo que é de sua conta e o que não é. A mensagem mais importante aqui é que aquilo que as pessoas pensam a seu respeito *não* é problema seu.

Talvez ninguém nunca aceite suas ações: tudo bem!

Uma vez que tenha havido uma ruptura na forma como as pessoas costumavam tratá-lo, geralmente não há mais volta nesse processo. E mesmo se houvesse, você iria querer?

Os pais de dependentes descobrem que quando perdem um filho para as drogas ou para o álcool, perdem também uma grande parte das pessoas de seu convívio: isto é, as pessoas que sentem que têm o dever de lhes repreender nos momentos mais estressantes de sua vida.

E, apesar de ser uma situação triste, pelo menos você sabe com quem pode contar. O ato de se livrar das brigas diárias com um dependente automaticamente trará uma mudança reanimadora para sua vida. Com essa mudança você poderá selecionar as pessoas com quem deseja conviver, tendo uma base completamente diferente da anterior. Todo mundo merece ter ao seu redor pessoas amorosas e que lhe dêem apoio.

E você está incluído nesse merecimento.

8 Pessoas que podem dar apoio: elas estão muito mais disponíveis do que você imagina

A HISTÓRIA DE TINA E RAY. Era um sábado à tarde na parte leste de Los Angeles, um dia de folga para a maioria das pessoas da vizinhança. Mas deixou de ser um dia de folga quando foi ouvido o som de armas de fogo. Seu estampido forte pode ser facilmente ouvido do pequeno apartamento de Tina e Ray. "Mais alguém que passou atirando", explicou Ray. "Essas situações geralmente ocorriam apenas à noite. Agora acontecem em plena luz do dia."

"Essa é uma zona de guerra", acrescentou Tina, "e você nunca sabe quem vai ser assassinado da próxima vez. Normalmente os traficantes ficam circulando pela área e se matam uns aos outros, mas muitas pessoas inocentes que estão passando pelo caminho são exterminadas."

Tina e Ray perderam um filho, que teve uma morte violenta, em conseqüência de uma execução à bala, em frente ao prédio em que moram. Infelizmente, a tristeza deles não parava por aí. Seus dois outros filhos estavam lá fora participando das mesmas brincadeiras estranhas. De acordo com Ray, seus filhos não apenas usam drogas, eles também negociam com elas.

"Nossos filhos estão lá fora lidando com drogas e armas", ela disse. "E não há nada que possamos fazer para detê-los. Nós tentamos de tudo. Tentamos conversar com eles, achando que isso iria fazê-los parar. Mas ficaram furiosos. Eles não nos ouvem."

"Toda a nossa família age dessa forma", disse Ray. "Tios, primos, sobrinhos. Nós viemos do México para tentar uma vida melhor e foi isso que conseguimos."

"Quando perdemos Jimmy, não sabíamos a quem recorrer", disse Tina. "Nós temos a igreja e o grupo com o qual nos reunimos – um grupo de pais. Sem essas duas fontes de ajuda, estaríamos perdidos." Tina e Ray raramente perdiam esses dias de reunião do grupo Pais Anônimos. Ao freqüentarem essas reuniões, sentiam que estavam em contato com um mundo sadio.

"As pessoas do grupo nos ajudam em nossos momentos difíceis", disse Tina. "E também os ajudamos quando eles têm dificuldades. Nesses encontros falamos de muitas tragédias! Na semana passada, uma mulher nos contou que seu filho havia ingerido heroína de um lote de má qualidade, chamado 'Super Buick', e teve uma overdose. Então, o coração dele não agüentou e ele morreu."

"Toda semana, alguém apresenta uma história como essa. Você não tem como fugir disso", afirma Ray. "Mas nós sempre voltamos a essas reuniões porque é o único local que podemos freqüentar onde as pessoas nos entendem."

Grupos de apoio: o melhor amigo dos pais

Da mesma forma que Tina e Ray, eu também descobri que poderia me beneficiar ao freqüentar os grupos de apoio. As eficientes reuniões dos Doze Passos, eram chamadas dessa forma por causa de seus doze princípios, ajudavam igualmente os dependentes e os não-dependentes a se recuperarem dos efeitos do uso abusivo das substâncias químicas. Minha rotina semanal incluía várias reuniões das Doze Etapas que eu nem sonhava em perder. Mesmo se estivesse fora, sempre conseguia localizar uma dessas reuniões em qualquer cidade, pequenos municípios ou nas áreas mais remotas, em todos os momentos que desejasse – e eram muitos. Por um período de aproximadamente cinco anos, as reuniões do grupo de apoio foram o esteio de minha vida. Sem elas, eu certamente teria afundado.

A maioria das reuniões que eu freqüentava era realizada no Nar-Anon. Elas se destinavam a ajudar a família e os amigos de pessoas viciadas em drogas. O grupo Nar-Anon me fornecia as ferramentas que precisava para lidar com os dependentes que faziam parte de minha vida. O grupo Al-Anon, que dava mais ênfase aos indivíduos dependentes do álcool, também era muito útil. Além desses dois, algumas vezes eu freqüentava as reuniões dos Parents Anonymous para estar na companhia de pais sozinhos como eu. E participei também do grupo Adult Children of Alcoholics porque havia uma história de alcoolismo em minha família que me afetou profundamente durante minha fase de crescimento. E, embora eu mesmo não fosse quimicamente dependente, participava das reuniões ocasionais dos Alcoólicos Anônimos ou Narcóticos Anônimos.

Essas últimas reuniões me forneceram um *insight* a respeito das situações dolorosas das pessoas que foram seriamente prejudicadas pela doença da dependência química. Tenho sempre muito respeito pela maneira corajosa com que muitos deles avançam constantemente em sua busca pela recuperação. A determinação deles para viver uma vida livre da dependência química é uma inspiração. As árduas vitórias que alcançaram não são fatos que se possa esquecer facilmente. Um dos piores aspectos dessa doença é o desejo intenso, que surge a cada minuto, de beber ou usar drogas novamente. A tentação está sempre muito próxima o tempo todo e, portanto, a recuperação de dependentes de drogas e de álcool – por meio de uma enorme força de vontade e acreditando em um ser mais elevado do que eles mesmos – desafia as probabilidades todos os dias. Mas como eles mesmos afirmam em seus programas de Doze Passos: "um dia por vez".

Falando a respeito do Nar-Anon e Al-Anon

Foi na companhia de outros pais de dependentes de drogas e alcoolista, assim como seus filhos, cônjuges, irmãos e amigos, que encontrei apoio. O Nar-Anon tornou-se, muito rapidamente, o centro de meu universo por tudo que esse grupo me fornecia.

Nessa atmosfera rarefeita de compreensão, eu me sentia livre para discutir abertamente todo e qualquer problema relacionado ao meu papel de pai de filhos quimicamente dependentes. Rodeado por pessoas amáveis, sabia que não seria julgado da mesma forma que os pais de dependentes o são, com bastante freqüência, pela própria família e pela sociedade.

Protegido por uma doutrina rigorosa de confidencialidade, as pessoas se sentiam seguras ao compartilhar seus sentimentos mais profundos. A maior parte de seus relatos assemelhava-se de forma impressionante aos meus próprios. Ao ouvir as histórias de outras pessoas, sentia-me aliviado em aprender que todos estávamos lidando com os mesmos problemas. A sensação de isolamento desapareceu.

Ao participar de vários grupos de apoio, aprendia a adotar soluções práticas que me auxiliavam a combater as várias marcas destrutivas deixadas pelos filhos quimicamente dependentes: a raiva, a violência, as mentiras, os roubos, a destruição da propriedade pública e privada, os problemas com a polícia, os dias diante do tribunal e os encargos financeiros.

Eu também aprendi a adotar soluções práticas para lidar com minhas emoções relacionadas com os dependentes de minha família: as preocupações com seu paradeiro, suas ameaças de suicídio, suas recusas em obter auxílio e o aborrecimento de pensar neles compartilhando suas agulhas, nessa época em que há uma grande contaminação de AIDS. Aprendi a lidar com minhas preocupações sobre o fato de vê-los morando nas ruas, também com o fato de imaginá-los vendendo seus corpos. Aprendi a lidar com o fato de imaginá-los morrendo nas ruas. Aprendi a lidar com a profunda tristeza de vê-los desperdiçando suas vidas, não se importando com seu futuro e desperdiçando todos os talentos que eles possam ter tido. E, por fim, aprendi a lidar com a sensação dolorosa de perda que sentia pela maneira em que essa doença havia, de fato, roubado meus filhos de mim, juntamente com os anos prazerosos que poderíamos ter usufruído juntos.

Aprendendo algo sobre a co-dependência

Um aspecto muito importante sobre o fato de participar desses grupos de apoio foi a descoberta de que precisava assumir a responsabilidade pelos meus atos. Essa foi realmente a maior revelação para mim. Se achava que todos os problemas que estava enfrentando eram unicamente causados pela dependência de meus filhos, percebi que estava equivocado. Por uma série de revelações, que aprendi com os grupos Nar-Anon e Al-Anon, percebi rapidamente que eu era tão responsável e tão doente quanto os dependentes que havia em minha vida. Foi nessas salas de reuniões que ouvi pela primeira vez o termo "co-dependente." Ele define alguém que assume a responsabilidade total por outra pessoa, enquanto, ao mesmo tempo, ignora suas próprias necessidades.

Uma piada popular que faz parte dos Doze Passos diz o seguinte:

Pergunta: *O que um co-dependente vê*
quando está cometendo suicídio ao
pular da ponte Golden Gate?
Resposta: *A vida de outra pessoa que está*
passando bem na sua frente.

Ao me identificar como um co-dependente, percebi que não estava vivendo minha vida, mas a de meus filhos.

Ao me colocar em uma posição subserviente, eu me preocupava muito pouco com meu próprio bem-estar, minha satisfação ou felicidade.

A co-dependência, conforme estava aprendendo, é uma doença tanto quanto o é a dependência das drogas ou do álcool. Existe tanto risco na co-dependência quanto no vício em termos de abreviação da vida por doença ou suicídio.

Outros benefícios do Nar-Anon e Al-Anon

Após ter reconhecido como me encaixava tão bem na função de um co-dependente, os grupos Nar-Anon e Al-Anon me ensinaram as diretrizes necessárias e valiosas que me auxiliaram a mudar o foco que estava direcionado para os meus filhos dependentes, com seus problemas e falhas, e direcioná-lo para onde realmente ele deveria apontar: para mim mesmo. E isso foi feito pelo ato de deixá-los ir embora e pela arte da separação.

Finalmente, encontrei o companheirismo e a amizade que tanto necessitei durante aqueles momentos difíceis e solitários. Houve um longo período em que as coisas foram interminavelmente desoladoras e quando parecia que não havia esperança no horizonte, aquelas minhas reuniões se tornaram o meu alento. Em um determinado domingo em que me sentia triste, lembro-me muito bem de ter ido a várias reuniões em diferentes grupos de apoio, das quais participei desde de manhã cedo até tarde da noite. Fui dirigindo de um local de reunião até o outro, necessitado apenas de uma coisa: estar na companhia das únicas pessoas na face da terra que poderiam realmente compreender os efeitos terríveis da dependência química sobre nossos filhos e sobre nós mesmos.

Falando sobre os Doze Passos

Os Doze Passos dos grupos Nar-Anon, Al-Anon, Pais Anônimos e Co-dependentes Anônimos constituem uma grande ajuda para os pais que não apenas assumiram para si todo o cuidado por seus filhos alcoolistas e dependente de drogas, mas que também assumiram a responsabilidade pelas escolhas desses filhos.

O que esses passos fazem, em essência, é criar uma realidade nova e prática que permite aos pais de dependentes olharem para trás e enxergarem o passado com nitidez e o presente e o futuro com força e ânimo. Elas também os ajudam a deixar de lado as noções tradicionais que os pais têm e que nunca funcionam quando se trata de um filho dependente. E principalmente nesse contexto, os Doze Passos apresentam uma visão que é muito mais ampla do que o relacionamento pais/filhos.

O primeiro passo impulsiona os pais de dependentes a admitir a si mesmos que são menos poderosos do que as substâncias químicas ingeridas por seus filhos e que suas vidas não podem mais ser gerenciadas pelos pais. Os que tentaram refrear um filho para que não usasse drogas ou consumisse álcool e ficaram frustrados com todas essas tentativas, sabem que a falta de poder sobre os dependentes é absoluta. E esses pais também acabam percebendo como suas vidas foram desperdiçadas antes de aceitarem sua falta de poder sobre os filhos dependentes.

O segundo e terceiro passos solicitam aos pais abandonar sua função de árbitro poderoso e deixar toda essa confusão nas mãos de uma força maior, talvez uma força espiritual ou inspiração religiosa, ou uma fonte da natureza.

O quarto passo algumas vezes apresenta um obstáculo, porque requer que os pais assumam uma postura menos temerosa com referência às suas virtudes e defeitos. Pela primeira vez surge nesses passos o fato de que os pais possam ter algumas falhas em suas personalidades, falhas que terão de administrar. O que em parte nem sempre é fácil.

O quinto passo solicita que os pais realmente *admitam* essas falhas, com a maior autoridade possível, para eles mesmos e para uma outra pessoa. E, novamente, esse processo nem sempre é tão fácil.

A eliminação dessas falhas é a mensagem do sexto passo, na qual se requer que a pessoa recorra à sua mais profunda capacidade para remover todos os seus defeitos de sua personalidade.

O sétimo passo solicita a remoção de todas as imperfeições. Nela centraliza-se principalmente o equilíbrio do ego.

O oitavo passo exige a evocação de memórias: é solicitado aos pais que façam uma lista de todas as pessoas que eles tenham prejudicado e enumerem as reparações a serem feitas em relação a cada uma delas.

O nono passo exige que os pais façam essas reparações diretamente com a pessoa afetada (algumas vezes essa tarefa é considerada muito difícil), exceto quando isso possa prejudicá-los ou a outras pessoas.

O décimo passo auxilia os pais a não voltarem a agir do mesmo modo que agiam ao lembrá-los de que devem continuar revendo a relação de virtudes e defeitos que têm e admitir quando estão errados. Procurar manter os pais em contato consciente com sua força maior é a meta do décimo primeiro passo. Ela também requisita que os pais tenham o conhecimento e a habilidade necessários para atender às solicitações dessa referida força maior.

No passo final pede-se que os pais compartilhem com os outros os princípios de todas esses Doze Passos para que o conhecimento e os benefícios possam se tornar amplamente divulgados.

Por meio de todas essas mudanças e de toda a liberação de sentimentos que constitui a maior parte dos programas dos Doze Passos, os pais de dependentes começam a sentir uma paz que não sentiam há vários anos. Os Doze Passos funcionam gradativa e pacientemente na consciência dos pais. Elas oferecem as recompensas substanciais para todos que desejam fazer uma restruturação interna e falar de si mesmos. Isso exige uma evolução honesta de cada pessoa, pela exposição de seus pontos fracos e tudo o que esteja relacionado a eles.

Amor Exigente: dando-lhe a coragem de que necessita

O grupo Amor Exigente não inclui o programa dos Doze Passos. Mas o que oferece é igualmente valioso. Muitos pais batem em suas portas sentindo-se confusos e atormentados por seus filhos dependentes. Esses pais estão exaustos, sentem-se derrotados e incapazes de encontrar um chão firme para apoiar os pés. Normalmente já estão ao ponto de perder a paciência, por terem suportado durante muito tempo as ações destrutivas de seus filhos dependentes que já passaram do estágio de uma possível reabilitação. Por mais doloroso que seja, o fato é que existem jovens assim – são aqueles inacessíveis que não podem e não conseguirão ter uma vida livre da dependência química.

A principal função do grupo Amor Exigente é ajudar esses pais a se libertarem do domínio total que esses filhos têm sobre eles. Os participantes do processo Amor Exigente são os pais que já estiveram exatamente na mesma posição que os recém-chegados. Eles também já passaram pelas mesmas circunstâncias desesperadoras, sem saber a quem recorrer o ou que fazer. Poucos desses pais viram alguns sinais de recuperação em seus filhos, mas exibem provas evidentes de recuperação neles mesmos.

Os recém-chegados são acolhidos pelos pais que têm mais experiência. Suas histórias e suas necessidades são ouvidas. No grupo Amor Exigente, assim como nas reuniões dos Doze Passos, a ajuda nunca é fornecida a não ser que seja solicitada. Mas desde que ela tenha sido solicitada, é fornecida gratuitamente e com muita compaixão. Essa ajuda consiste na orientação aos recém-chegados para a terrível experiência de expulsar o dependente de casa.

São feitos planos, algumas datas são estabelecidas e são tomadas as providências para encontrar um novo local para o dependente morar. Informar o dependente sobre a iminente mudança pode ser uma experiência difícil e complicada, pois sempre há uma reação violenta. Nesses momentos é que alguns desses outros pais (ou muitos, quando se faz necessário) podem fornecer ajuda e apoio. Os dependentes tendem a se tornar mais pacíficos mediante uma multidão de pessoas e freqüentemente colaboram.

Então, o grupo Amor Exigente ajuda os pais a manterem seus novos *status* de liberados. Os dependentes podem fazer uma campanha, tentando de todas as formas possíveis conseguir permissão para voltar para casa. Eles se utilizarão de manipulação, ameaças, acusações e táticas de imposição de culpa. Alguns pais podem resistir a essa enxurrada de tentativas, outros sucumbem. O grupo Amor Exigente auxilia-os a criar resistência e a assegurar suas posições.

Conforme os pais finalmente aprendem, tentar fazer com que um dependente se recupere é inútil. Ele só tomará providências para sua recuperação quando estiver preparado e desejar realmente. Se é que algum dia possa chegar a essa situação. O mesmo é verdadeiro no caso dos pais de dependentes. Ninguém pode lhes dizer que não deveriam viver em uma atmosfera tóxica. Quando estiverem prontos para a mudança, eles a realizarão. O grupo Amor Exigente estará sempre disponível para ajudar nos momentos difíceis de transição.

A meta final: aprender a dar apoio a si mesmo

Ao participar de um grupo de apoio, as engrenagens do progresso começam a entrar em movimento imediatamente e vão transformando os padrões destrutivos do relacionamento pais/filhos. Mas um grupo de apoio não pode durar para sempre. Ou pelo menos não deveria. A meta principal dos grupos de apoio é ajudar a treinar os pais para darem apoio a si mesmos, mental e emocionalmente. E isso não é algo que aconteça do dia para a noite. Alguns pais necessitam permanecer nesses grupos de apoio por muitos anos antes de realizarem as principais mudanças em suas vidas, enquanto outros se encarregam dessas mudanças imediatamente.

Se um grupo de apoio pode fornecer aos pais de dependentes as ferramentas de que necessitam para a) separar suas prioridades das dos dependentes, b) permitir que os dependentes cometam seus próprios erros sem interferirem e c) se sentirem bem consigo mesmos, então esse grupo de apoio já terá cumprido sua tarefa.

Como participar de um grupo de apoio aos pais

Os números de telefone dos grupos Nar-Anon e Al-Anon nem sempre aparecem na lista telefônica, mas normalmente você pode encontrar o número de telefone dos Alcoólicos Anônimos (AA).

Ao ligar para as sedes do AA mais próximas, você pode obter uma lista dos locais de reunião dos grupos dos Doze Passos, que podem incluir esses grupos do Nar-Anon, Al-Anon e Pais Anônimos. (Se você mora em uma área rural, pode ligar para as sedes do AA da cidade mais próxima.) Nas reuniões do grupo Nar-Anon e AA, as pessoas não-dependentes e os dependentes são bem-acolhidos. Verifique na lista telefônica local quais são as reuniões "abertas" ao público.

Uma outra fonte útil de informações pode ser o seu jornal local. O nome da reunião específica – juntamente com as datas, horários e locais – normalmente vem relacionado nas páginas de eventos.

A lista telefônica, a lista de informações ou o seu jornal local são os locais mais prováveis em que você poderá localizar as reuniões do grupo Amor Exigente.

Quando começar a ter contato com esses grupos de apoio, você ficará surpreso com o grande número de reuniões que são realizadas em sua vizinhança.

9 Recuperação: comece com você mesmo

A HISTÓRIA DE BETTY. Betty Bethards é uma bem conhecida conselheira autora[1] e conferencista sobre meditação e interpretação de sonhos. Ocasionalmente, atende como cliente uma pessoa dependente de drogas que já se encontra em estado desesperador; mas a maior parte do atendimento geralmente é constituída por pais que também se encontram em estado lastimável.

Após ter terminado sua última sessão de aconselhamento do dia, Betty sai de seu escritório com um sorriso no rosto. Ela é uma mulher vivaz, cuja energia vital básica você pode sentir de imediato.

Em uma noite de nevoeiro em São Francisco, há sete anos, o filho de Betty, que era um jovem de 21 anos de idade, morreu quando sua motocicleta derrapou em um cruzamento na entrada da Golden Gate. Seu nível de álcool no sangue era 1,1.

Como conselheira, Betty havia auxiliado muitos clientes a lidar com tragédias provocadas pelo abuso das drogas e do álcool, ingeridos por seus filhos. Ao trabalhar com esses pais, sua ênfase sempre era a auto-recuperação. Com a morte de seu próprio filho, precisou usar consigo mesma as ferramentas que havia criado para seus clientes.

---

1. Betty Bethards é a autora dos livros *The Dream Book* e *The Way of the Mystic* publicados pela Element Books, que fornecem muitos detalhes sobre como praticar os exercícios desse capítulo. Ela também escreveu *Be Your Own Guru, There Is No Death* e *Techniques for Health and Wholeness*, publicados pela Inner Light Foundation.

"Chris era um alcoolista", disse Betty. "Eu sabia que iria morrer. Era só uma questão de tempo. Ele já havia passado por muitas experiências que quase o levaram à morte, por causa de sua dependência do álcool, inclusive há um ano, quando quebrou todos os ossos do rosto juntamente com a clavícula e várias costelas em um acidente de carro: ele voltava imediatamente a beber assim que saía do hospital."

"Finalmente, quando a polícia bateu em minha porta após o acidente, não precisaram dizer nada. De fato, eu lhes disse que sabia por que estavam lá. Eu simplesmente fiquei agradecida pelo fato de ele não ter matado mais ninguém na estrada. Portanto, você poderia dizer que eu estava preparada para o pior. Mas isso não significa que não precisei me esforçar no meu processo de recuperação. Aqueles primeiros meses foram árduos. A morte dele me deixou um enorme vazio. Eu conversava muito comigo mesma da mesma forma que conversaria com alguém que tivesse me procurado e aprendi, primeiramente, que poderia ser meu próprio consolador, meu melhor amigo."

Betty possui uma calma que a envolve e está relacionada com o fato de ser uma pessoa prática e madura e também alguém que serve de inspiração para outras pessoas. Eu lhe perguntei qual a forma que ela considerava mais essencial para a recuperação dos pais de filhos dependentes.

"Nutrir-se", ela respondeu. "Muitos pais de alcoolistas ou drogados percorrem uma escala que varia desde uma moderada falta de amor por si mesmos até uma séria auto-aversão. É por isso que se culpam pelos vícios de seus filhos. Se simplesmente entendessem que existe uma coisa chamada livre-arbítrio e que todo mundo faz suas escolhas, poderiam compreender que têm menos relação com aquilo que seus filhos decidiram fazer de suas vidas do que possam imaginar. Portanto, a primeira coisa que precisam reconhecer é que não poderiam ter feito nada para evitar que seus filhos se tornassem dependentes de drogas ou do álcool e o que podem fazer agora é tomar conta de si mesmos da melhor forma possível. Isso significa abandonar essa atitude de vítima, na qual sempre afirmam pobre de mim, e começar a se apreciar, começar a se nutrir. Principalmente, precisam começar a ver a si próprios como as pessoas bonitas e valiosas que realmente são".

"O grande obstáculo é que muitos pais não sabem como se libertar dos velhos padrões e adotar novos", afirmou Betty. "A primeira coisa que precisam fazer é se desprender. Aceitar as coisas como elas

111

são. Isso nos ajuda a manter uma perspectiva melhor sobre as situações. O desejo de libertar o filho dependente de drogas também deve funcionar para nós mesmos. E também para começarmos a reconstruir nossas próprias vidas. Quanto mais rápido os pais adotarem esse modo construtivo de pensar, mais rápido será o progresso. Conheço alguns pais que chegaram até aqui com muita dificuldade e pareciam estar mortos e desde então têm feito um maravilhoso trabalho de reconstrução de suas vidas. Foi difícil para eles se desprenderem, assim como é para todos nós, mas não há recuperação sem cumprir essa etapa.

"A recuperação é a parte divertida para mim", disse Betty sorrindo. "Sou uma hedonista nata. Gosto de me divertir, sair para caminhar na praia entre as sequóias e estar entre pessoas que possuam uma boa energia. Mas, mais do que tudo, aprecio a jornada interna, quando mergulho fundo na espiritualidade para aprender comigo mesma. Sinto realmente que o único motivo de estarmos aqui na terra é nos conhecermos. E existe muito ainda a ser realizado nessa área, um trabalho que pode durar uma vida inteira. E a maior parte daquilo que aprendemos é fascinante. Considero-me uma pessoa de sorte porque só existe uma pessoa que eu posso mudar e essa pessoa sou eu. Estou constantemente me esforçando para ser o meu melhor eu."

"Existem muitas ferramentas com as quais podemos trabalhar e elas estão disponíveis para todos, desde que estejam abertos para as mais amplas possibilidades", afirmou Betty. "Basta que a pessoa se arrisque a sair de sua concha para descobrir um mundo novo e completo. O principal é as pessoas manterem sua energia sempre em alta. Quando a energia está em alta, as coisas não irão aborrecê-la excessivamente. Você pode estar em uma sala lotada de alcoolistas e dependentes de drogas e perceber que está separado deles. De repente, as armadilhas da culpa e as manipulações que eles estavam lhe impondo não funcionam mais. E, meu amigo, você irá surpreendê-los! Se costumava ser uma marionete nas mãos deles, deixará de ser. Os dependentes ficam loucos com isso, porque significa que você não irá mais ceder a eles."

Ao participar das conferências de Betty durante muitos anos, conheci muitas ferramentas de sobrevivência que incorporei neste capítulo. Mas o assunto energia, conforme diz Betty, é o mais importante em termos de auto-recuperação.

Energia. Eu não possuía mais nenhuma. Estava tão enterrado nos problemas que meus filhos tinham com as drogas, que captava tudo que fosse proveniente deles e isso sempre me atingia em um determinado ponto. Exatamente no plexo solar, a área do corpo humano em que reside a ansiedade. Eu não possuía autoproteção e nenhuma idéia de autopreservação. Ficava imaginando como ainda conseguia agir e viver. Meu desempenho era tão baixo quanto meu interesse no trabalho, *hobbies*, acontecimentos mundiais e sexo. Betty falou do processo de autonutrição. Eu estava tão distante dessa possibilidade como ninguém mais poderia estar. Estava tão inconsciente de minhas próprias necessidades que jamais havia pensado em minha autonutrição ou em tomar conta de mim mesmo. Vivia tão envolvido pela culpa e pelo remorso que quando surgia qualquer ocorrência agradável em minha vida, meu cérebro disparava a observação desqualificadora "eu não mereço isso".

É interessante que nunca utilizei essa abordagem "eu não mereço isso" com meus próprios filhos quando eles se tornaram dependentes. Suas ofensas eram um lugar-comum, algo já esperado.

Compreender tudo isso e me nutrir foi provavelmente a tarefa mais difícil que já tive. Para seguir os procedimentos que Betty descreveu, primeiramente tive de desprender-me. Desprender-me de meus filhos, de seus problemas, de suas escolhas, da natureza destrutiva e da violência deles. É impossível para os pais conseguirem fazer isso em meia hora. Essa tarefa exige trabalho e compromisso. E um desejo de ver o sol brilhar novamente.

Percebi que se pudesse ser verdadeiro comigo mesmo e falar a minha própria verdade sempre que meus filhos dependentes tentassem tirar minhas forças, já estaria fazendo um ótimo trabalho.

Descrevo a seguir algumas técnicas de recuperação que aprendi com Betty e algumas que eu mesmo inventei. Essas considerações me conduziram à estrada da verdadeira recuperação. E pode acontecer o mesmo com você.

Ama a si mesmo: um ótimo começo

Amar a mim mesmo? Será?! Alguns pais, ao lerem isso, poderão pensar que é estranho. Mas o que não sabem é que a recuperação não funcionará a menos que façam um esforço compatível para amarem a si mesmos. É tão simples quanto parece.

Primeiro, precisam identificar o que é o amor-próprio. Basicamente, é a mesma coisa que amar outra pessoa. Eles podem começar a imaginar esse quadro ao oferecerem a si mesmos a mesma cordialidade, carinho e respeito que normalmente ofereceriam a outra pessoa. Mas quantos pais fazem isso? Quantos já fizeram isso *alguma vez*? Quando somos pequenos, somos ensinados em nossos lares, nas escolas e nas igrejas, a amar as outras pessoas e a nos tratarmos como mártires altruístas. E passamos a vida amando os outros, nos doando aos outros, fazendo coisas para os outros, nos alegrando pelos outros. E quanto a nós mesmos? Temos a tendência de nos contentarmos com as sobras.

Fomos treinados para enxergar o elogio, a afeição e a aprovação como algo que vem exclusivamente de fontes externas a nós, de algum outro ser humano ou de uma realização. Para termos a capacidade de nos amarmos, precisamos possuir um recurso interno, uma conexão forte conosco mesmos, à qual podemos recorrer sempre que necessitarmos. Esse é o elemento que os pais de dependentes têm-se negado. Eles dificilmente se enxergam como indivíduos que necessitam dar algo a si mesmos. Em vez disso, todas as suas ofertas de amor são direcionadas para os outros e essas ofertas raramente são apreciadas pelos dependentes que as estão recebendo. Muito ao contrário, geralmente encaram com desprezo os pais que vivem se doando continuamente. O fato simples e verdadeiro é: se um pai ou uma mãe não puder se amar verdadeiramente, como poderá amar outra pessoa?

Os pais que sabem que a verdadeira recuperação começa com o amor por si mesmos não se preocupam com a opinião alheia. O simples ato de se desprender de um filho dependente pode ser interpretado pelos outros como egoísta e de omissão. Os pais que amam a si mesmos podem se manter inabalados por essa opinião e prosseguirem em suas vidas com êxito.

Além disso, sabem que podem se reconstruir. Por meio de um estoque contínuo que dura a vida inteira, os pais que amam a si mesmos aprenderão a se livrar das coisas que não gostam com relação a eles mesmos e manter as que gostam.

Os pais que amam a si mesmos permitem que as outras pessoas, inclusive seus filhos dependentes, andem por seus próprios caminhos. Podem ficar felizes pelos sucessos de seus filhos e tristes pelos insucessos; porém, sempre manterão uma visão geral de que cada um de nós tem um caminho especial, nossos destinos são revelados apenas para nós mesmos, à medida que prosseguimos em nossa jornada. Sabem que não precisam lidar com seus filhos nem mesmo vê-los quando esses filhos estiverem dependentes ou agressivos. Uma vez que os pais fizeram tudo para convencer o filho dependente a abandonar as substâncias químicas, a tarefa deles com relação a esse filho está concluída. Não precisam participar da manipulação ou da violência cometida pelo dependente. Podem até permitir a si mesmos o fato de sair completamente desse relacionamento.

Finalmente, sabem que têm o direito de serem felizes e aproveitarem suas vidas. Podem direcionar seus esforços na criação de um ambiente que seja perfeito para eles. Não precisam pedir desculpas a ninguém pelo fato de serem felizes, inclusive nem para si mesmos.

Meditação: sua própria fonte de geração de energia

A meditação não é uma novidade. Ela tem sido praticada desde os tempos mais remotos. Entretanto, nos anos mais recentes, passou a ser mais associada a um passatempo ridículo de hippies, paranormais e excêntricos do que a um recurso que pode proporcionar mais saúde.

Atualmente o AMA descreve a meditação como uma terapia tranqüilizadora para o corpo e a mente, uma terapia valiosa para reduzir os níveis de estresse e auxiliar no tratamento dos distúrbios[2] a ele relacionados. Alguns médicos a prescrevem para pessoas que estão doentes, que estiveram doentes recentemente e pessoas que não desejam ficar doentes.

O que acontece exatamente quando uma pessoa medita? O corpo é constituído por uma série de impulsos eletromagnéticos. Ele responde imediatamente à meditação do mesmo modo que uma bateria fraca responde aos cabos de conexão. A meditação recarrega o corpo, enviando correntes elétricas para cada uma de suas partes. Os benefícios são numerosos. A energia flui a partir dos vasos sanguíneos até o cérebro, de modo que o corpo se sente renovado, aliviado. O efeito é surpreendente porque, quando a pessoa se sente bem, alguns sentimentos aflitivos como medo, raiva, ressentimento e depressão, tornam-se menos potentes e freqüentemente desaparecem ao mesmo tempo. Os pais de dependentes podem se beneficiar muito quando

---

2. *Enciclopédia de Medicina da Associação Médica Americana*, p. 671.

meditam, pois ficam menos propensos a reagir às manipulações, chiliques e à violência de seus filhos dependentes.

No método de meditação de Betty Bethards, você se senta calmamente em uma cadeira com a espinha ereta, para que a energia possa ter um canal direto para fluir. Fica com as palmas das mãos unidas por dez minutos e, em seguida, fica com as mãos voltadas para cima apoiadas sobre seus joelhos por dez minutos, conforme a energia vai sendo gerada no corpo. Uma etapa importante a ser lembrada é a última parte, em que você deve fazer um encerramento no final dos vinte minutos para conservar a energia que acumulou. Essa proteção final é alcançada da seguinte forma: você fecha as duas mãos sobre seus joelhos, enquanto vai se imaginando num balão de luz branca que se estende por quilômetros ao seu redor. Esse procedimento cria sua própria cobertura protetora que evitará que você capte energia negativa de outras pessoas.

Ao praticarem esse exercício diariamente por vinte minutos, os pais de dependentes começam a sentir os benefícios relaxantes e saudáveis quase imediatamente. O dependente pode agir exatamente da mesma forma que sempre o fez, mas, pela meditação, os pais podem se manter mais preservados; passam a não associar mais cada crise do dependente com o fim do mundo.

Essa meditação é um investimento diário de vinte minutos. Porém, ela permite que os pais de dependentes possam sobreviver durante as outras vinte e três horas e quarenta minutos do dia.

Desenvolva seu senso de humor:
você vai precisar dele

Não há nada de engraçado no fato de se ter um filho dependente de drogas ou do álcool. Mas algumas situações que envolvem o próprio vício podem ser. Especialmente aquelas que estejam relacionadas às suas reações perante o dependente.

Quantas vezes você persistiu em tentativas inúteis no interesse de seus filhos? Ou quantas vezes já não se surpreendeu fazendo coisas que definitivamente não desejava fazer? O fato de relembrar todas as vezes em que agiu como um tolo deveria merecer umas boas gargalhadas! Para dissipar as influências da negatividade que tão freqüentemente está relacionada à dependência de substâncias químicas, não há nada como tornar as coisas mais leves e enxergar as situações ridículas exatamente como elas são.

As pessoas dependentes de substâncias químicas odeiam dar risada. Elas preferem permanecer em um mundo escuro e melancólico no qual todos parecem estar de luto. Pode ser ótimo para elas, mas você não precisa compartilhar esse mesmo estado. De fato, quanto mais rápido conseguir ficar alegre, mais brevemente irá se recuperar. As coisas não parecerão tão desesperadoras se você conseguir introduzir um pouco de leveza na situação.

Mantenha seus limites, preserve sua energia

Quando os pais dão muita importância aos infortúnios do filho dependente ou discutem com este, automaticamente exaurem todos os recursos de energia que possuem. Até mesmo aquela nova carga de energia que receberam pela meditação desaparece. E dessa forma estão, na essência, diminuindo sua força e seu bem-estar, fazendo-os cair ao nível zero.

O maior benefício que os pais podem obter ao estabelecerem limites severos em relação ao filho dependente é a preservação da própria energia vital. Esses limites devem ser mantidos mesmo quando o dependente não estiver presente. Isso ocorre porque a energia irá aumentar ou diminuir dependendo dos padrões mentais dos próprios pais. Se não houver nada além de uma confusão de pensamentos depressivos e visões acompanhadas por medo e remorso, os pais se sentirão sugados. Mas ao afirmarem continuamente seus pensamentos e imagens positivas, esses pais podem aumentar seus níveis de energia e mantê-los elevados. Portanto, devem criar limites severos para si mesmos, assim como para seus filhos dependentes. Ao não permitirem que eles mesmos, nem os seus filhos ultrapassem esses limites, estarão garantindo essencialmente uma proteção que legitimamente lhes pertence.

A energia é como dinheiro. Se desperdiçá-lo totalmente, não estará deixando nenhuma reserva para você.

Entre em sintonia com seus sonhos

O valor da análise dos sonhos normalmente é subestimado. Quando os pais estão com problemas e não encontram um alívio para os acontecimentos desastrosos de suas vidas, os sonhos freqüentemente fornecem a resposta. Ao analisarem seus sonhos diariamente, esses pais podem realmente começar a perceber os padrões negativos que estabeleceram e os bloqueios que os mantêm sufocados entre todos os pequenos e insignificantes dramas que envolvem o filho dependente. Por exemplo, um sonho no qual o pai ou a mãe esteja em um barco afundando significa o óbvio: que ele ou ela está afundando em um mar de emoções. Um outro sonho comum é aquele em que o filho dependente aparece dirigindo um carro no qual os pais são os passageiros. O filho está sendo loucamente imprudente e os pais estão sem forças para reagir. A mensagem desse sonho é que o filho dependente pode tornar-se todo-poderoso (na direção do automóvel) se os pais o permitirem, além de colocá-los em situações de risco.

Muitos pais se queixam de não sonharem. Não é verdade. Todo mundo sonha. Mas quando você está com pouca ou nenhuma energia, pode ser difícil reaver a mensagem de seus sonhos. Quando começa a trabalhar com sua energia, aumentando-a constantemente, a habilidade de se lembrar dos sonhos reaparece. Contudo, a análise dos sonhos é uma disciplina que necessita de dedicação e exige que os pais façam um esforço concentrado para se recordarem do conteúdo de seus sonhos. Ao colocarem uma caneta e um bloco de papel na mesa de cabeceira (para anotarem o sonho imediatamente após acordarem) e afirmarem que sonharão e se lembrarão de seus sonhos, estarão estimulando o desejo subconsciente de se recordarem de seus sonhos.

Mentalizações: abandone tudo que o aborrece sem precisar sair do ambiente em que você se encontra

Conforme disse anteriormente, sua energia aumenta e diminui de acordo com seus pensamentos. Se permanecer em estado negativo, sua energia será nula. Se se concentrar em pensamentos mais felizes, sua energia reagirá à altura. Experimente. Pense em um momento ruim e tente sentir seu nível de energia. Se você não conseguir, provavelmente é porque sua energia foi totalmente exaurida! Depois, pense em um momento em que sua vida era ótima: de repente você sentirá uma onda de energia positiva (e se não sentir isso imediatamente, não se preocupe, ela ainda está lá).

Uma forma de elevar sua energia é ter pensamentos positivos o tempo todo, uma façanha humana quase impossível. Mas você cultivará um fluxo de energia mais benéfico se puder imaginar-se numa luz brilhante e curadora.

A mentalização é uma maneira fácil e excelente de alcançar isso. Ao passar alguns minutos por dia mentalizando o cenário que desejar

– pode ser um jardim ou uma nuvem ou ainda uma praia bonita ou qualquer cena que sua mente preferir – você verá brevemente que esse é o caminho certo para fazer com que abandone tudo que o aborrece.

Afirmações: seja cauteloso com aquilo que você solicita

O que você deseja? Ouça o seu coração e então faça sua solicitação. Isso é uma afirmação. Quando você solicita continuamente aquilo que deseja, ocorre um efeito cumulativo. É como desejar constantemente boas coisas para si mesmo.

Os pais de dependentes precisam contrabalançar toda a negatividade pela qual passaram ao afirmarem para si mesmos, de uma forma concentrada, algumas das recompensas mais valiosas e disponíveis para todo mundo.

Qual é a melhor maneira de afirmar aquilo que você deseja? Talvez possa falar ou pensar em cada coisa que deseja no final de sua meditação. Ou talvez escrever a cada dia aquilo que deseja na forma de uma *mandala* (visual, gráfico). Pelo simples fato de desenhar um círculo e colocar uma estrela no centro dele, você já está criando sua própria *mandala*. Depois poderá preencher esse círculo com todas as metas que deseja atingir.

Veja a seguir algumas metas que pode escolher para fazer afirmações em sua *mandala*:

1. A busca pela paz. Como pai ou mãe de um dependente, você provavelmente não sente aquele suave e silencioso aconchego da paz há muito tempo. Mas essa paz pode ser reconquistada. Afirme: "A paz interna está me envolvendo de forma cada vez mais fácil e sem esforço".
2. A sabedoria que vem com a maturidade. Essa sabedoria significa: transpor obstáculos sem dificuldades, tomar as decisões corretas, expressar-se com uma autoridade serena. Ter a confiança de afirmar e também conservar sua força. Afirme: "Estou aprendendo a ouvir minha voz interna e a confiar em minha força inata".
3. O talento de ter uma mente equilibrada. A habilidade de permanecer em equilíbrio independentemente da forma de agir do dependente. Afirme: "Eu libero as outras pessoas para viverem suas próprias vidas e eu vivo minha própria vida por meio de meus pensamentos, palavras e ações".

4. Ter consciência sobre a gratidão. Apreciar as diversas coisas boas que existem em sua vida. Agradecer pela sua saúde, pelos amigos e familiares que lhe dão apoio, pelo seu lar, por seus bens, e assim por diante. Afirme: "A cada dia, eu menciono três coisas positivas que estão acontecendo em minha vida. Hoje eu mencionarei (fale sobre x, y e z)".

5. A humildade de agir de uma forma gentil com os outros e consigo mesmo. Reconhecer que não há necessidade de agredir verbalmente o dependente com quem você convive. Saber que também não precisa ser severo consigo mesmo. Afirme: "Eu me perdôo e também perdôo os outros".

6. A habilidade de se desprender. Saber que você pode se libertar desse fardo pesado que colocou sobre suas costas. Imaginar que não há nada mais que pudesse ter sido feito. Afirme: "Eu me desprendo de todas as dúvidas e aflições e entrego tudo nas mãos de Deus".

7. A coragem de confiar. Permitir a si mesmo uma pausa e deixar que o fluxo natural dos acontecimentos crie uma mudança positiva. Afirme: "Deixo que a generosidade da ordem da vida possa agir em seu tempo adequado".

8. O desejo de se recuperar e ver as outras pessoas recuperadas. Essa é a parte em que você pode incluir os dependentes. Afirme: "Eu respeito o processo de recuperação que atua na vida de todas as pessoas".

9. Ter autocontrole para não reagir. Você costumava se sentir coagido. O dependente sempre o colocava em situações frustrantes, nas quais você saía perdendo e, como seria previsível, reagia. Mas passará a não reagir. Afirme: "Estou centrado e relaxado e sigo minha própria orientação".

10. O desejo de pensar positivamente e abandonar os pensamentos negativos. Ter a percepção de que os pensamentos negativos apenas o empurrarão para baixo. Afirme: "Eu opto por pensamentos positivos e saudáveis em minha vida".

11. A determinação de libertar-se de sua postura de vítima. Mudar a dinâmica de sua vida, na qual se coloca à mercê do dependente ou de seu próprio cérebro criador de problemas. Afirme: "Eu estou livre de toda essa postura de vítima".

12. A coragem de amar a si mesmo. Prestar atenção em suas necessidades físicas, mentais e espirituais. Proporcionar a si próprio o mesmo carinho e afeição que proporcionaria a um bom amigo.

Não ser influenciado pelo que os outros pensam de você. Afirme: "Eu sou merecedor do meu próprio amor".

As afirmações podem incluir as metas profissionais e financeiras, a necessidade de uma nova casa ou um carro ou umas férias no Havaí. Você pode ainda afirmar que seus filhos dependentes vão conseguir se recuperar para que vocês possam usufruir suas vidas juntos. Pode moldar sua vida como gostaria que ela fosse. As afirmações podem ajudá-lo a atingir suas metas. Elas são um pouco parecidas com as orações.

E as orações são uma forma de transformar desejos em realidades.

10 Aspectos positivos de se ter um filho dependente

A HISTÓRIA DE CADEN. Estávamos no escritório de Caden, em Burbank, Califórnia, em um dia ensolarado e ele falava sobre sua vida, seus valores e sobre as percepções que haviam mudado durante a fase de problemas que teve com seu filho dependente.

O filho Mesa era o produto típico de uma família de um filme de Hollywood (o pai era produtor e a mãe atriz), que em vez de seguir os caminhos de Beverly Hills, que lhe foram abertos com privilégios, decidiu trilhar outro. O caminho das drogas. E do homicídio.

"Eu pensei que conhecia meu filho", disse Caden, "mas percebo agora que ele apenas permitia que eu visse aquilo que ele queria que eu visse. O verdadeiro Mesa fugiu com um bando de garotos drogados de Hollywood que procuram se divertir fazendo coisas terríveis." Caden prosseguiu me contando sobre algumas dessas coisas terríveis, a principal delas consistiu no assassinato de um morador de rua.

"Foi a dor que senti pelo que aconteceu que abalou completamente meu mundo, bem como tudo que eu acreditava e pensava que sabia", disse Caden. Em uma mesa próxima à sua escrivaninha havia algumas lembranças de sua carreira, inclusive o último prêmio: o Oscar.

Caden sorriu abertamente. "Se não fosse pelos problemas de Mesa, eu já teria ganho uma série desses prêmios", disse. "Mas você sabe, quando seu filho está envolvido com esse tipo de problema, você passa a ter contato com as coisas que realmente importam. Eu era um daqueles homens que vivem, respiram e se alimentam do ramo de negócios de filmagem durante 24 horas por dia e hoje me tornei, assim pelo menos eu espero, um pouco mais consciente. Não me sinto mais a mesma pessoa que era, um homem com valores muito superficiais. Mas foi preciso acontecer uma tragédia para que eu me conscientizasse."

Mesa, que recentemente completara quinze anos, estava em uma instituição de recuperação há um ano e iria permanecer nesse lugar por pelo menos outros sete. Como acontece normalmente com certos dependentes de drogas que passam por um processo de desintoxicação, ele não se lembrava do passado e se queixava por não se lembrar de nenhuma das ocorrências que o levaram à sua prisão.

"Vê-lo na prisão é muito difícil", disse Caden. "Ele aparenta ser apenas um adolescente de padrão normal. A única diferença é que está atrás das grades. E totalmente vulnerável e assustado. Geralmente demoro alguns dias para me recuperar de cada visita. Nas primeiras três ou quatro vezes, ele me implorou para que eu o tirasse de lá, mas agora sabe que não há nada que eu possa fazer. Não tenho nada a oferecer a Mesa, exceto a honestidade – a forma em que costumava agir como pai mudou, todo aquele ego manipulador que existe na pessoa que se sente sempre à mercê dos outros deixou de existir em mim. Não estou mais à mercê de ninguém.

Caden fez uma pausa de alguns momentos. "Investiguei minha mente para descobrir onde havia falhado com relação a meu filho. Primeiro, pensei que havia algo relacionado com a separação ocorrida entre mim e sua mãe. Depois, pensei que o problema poderia ter sido provocado pelo fato de eu ter passado muito tempo sendo um produtor de filmes e não ter tido tempo suficiente para ser um pai. Mas será que realmente algum desses fatos levou meu filho a derramar gasolina em alguém e depois acender um fósforo? Dois de meus filhos jamais tocaram em drogas. Somente o terceiro fez isso. Será que ele não teria ficado longe das drogas se eu tivesse sido mais presente? Eu não tenho as respostas."

"O que eu realmente sei é que agora vejo a vida de uma forma completamente diferente do que via. Antes de tudo isso acontecer, pouca coisa que viesse do mundo externo me interessava. Eu passava por todas as coisas externas no meu Mercedes brilhante. Mas agora não faço mais isso."

O aspecto mais positivo: a capacidade de fazer a escolha certa

Se você, como pai ou mãe de um dependente, pensar que seu filho já o fez de vítima ou está fazendo atualmente, responda a si mesmo: quem está permitindo que isso aconteça?

Muito bem, você estava confuso quando percebeu pela primeira vez que seu filho havia-se tornado um dependente. Então passou por um período de culpa e pesar. Mas quando percebeu a realidade, por que permitiu que a situação continuasse? Por que não fez as mudanças que eram necessárias? Como, por exemplo, parar de fornecer dinheiro? Telefonar para a polícia para confiscar as drogas de seu filho? Recusar-se a liberá-lo quando ele arranjava problemas com a lei? Se o dependente está tornando sua vida um inferno nesse momento, por que você não toma uma posição firme?

A verdade é que os dependentes só podem fazer aos pais aquilo que eles permitem. Um dependente só poderá deixar os pais sem poder, se estes concordarem com isso.

Para expulsarem de si mesmos a mentalidade de vítima, os pais de dependentes devem adquirir uma percepção nítida e segura, reconhecer que foram eles que trouxeram para si (e possivelmente ainda estão trazendo) a maior parte de todos os problemas associados à dependência química de uma outra pessoa. E estão fazendo isso por não honrarem seus próprios direitos de viver uma existência normal e pacífica. É fácil castigar o dependente com a culpa. Mas a culpa é o meio pelo qual os pais evitam assumir a inteira responsabilidade por tudo o que têm ocorrido com eles.

Para podermos prosseguir, nós, os pais de dependentes, devemos aceitar o fato de que qualquer mal que nos tenha ocorrido foi um mal que não impedimos. E qualquer tipo de abuso que estejamos aceitando no momento é o abuso que não estamos evitando.

Uma vez que os pais estejam conscientes da situação, não há desculpas para permanecerem estagnados no problema. Se optamos por permanecer paralisados na situação, a postura de vítima deve ser vista como uma auto-imposição.

Por outro lado, os pais conscientes irão começar a perceber que um dos aspectos mais positivos adquiridos com a experiência de lidarem com seus dependentes é o recurso da escolha: ter a capacidade de escolher o que é certo e o que é errado para nós. E ter a capacidade de agir de acordo com essas escolhas.

Perdão: outro fator positivo que pode ser útil quando empregado da forma correta

Existe uma pessoa que está sempre merecendo o seu perdão. E essa pessoa é você. Na verdade, a capacidade de perdoar a si mesmo é essencial.

Sem se perdoarem, os pais de dependentes permanecem na Terra do Nunca. Sem nunca saber se estão agindo de forma correta consigo mesmos. Sem nunca saber se estão agindo de forma correta com seus filhos dependentes e com o resto da família. Sem nunca saber se as decisões que tomam serão as corretas no futuro.

O perdão é uma indulgência que os pais podem oferecer a si mesmos por todas as decisões insensatas que tomaram no passado. É como passar uma esponja em tudo e esquecer o passado. E também é um reconhecimento sobre o ponto em que podem chegar. Mas leva algum tempo para se chegar a esse reconhecimento.

Antes de os pais de filhos dependentes compreenderem o conceito de perdão, passam por uma série de emoções: raiva, culpa, medo, remorso, arrependimento. Julgam-se e julgam aos outros de modo bastante severo. Não sobra muito espaço para a compaixão. A dependência das drogas ou do álcool que envolve um jovem – e todas as suas ramificações – resume tudo em que os pais de dependentes conseguem se concentrar. Finalmente, ocorre uma mudança na atitude dos pais. Começam a entender que a culpa, o julgamento e a crítica são inúteis. Afinal, como você pode culpar, julgar ou criticar um dependente que na verdade está doente? Ou julgar a si mesmo, sendo um pai ou uma mãe que está sem capacidade de mudar a situação?

Mas o perdão pode ser utilizado de forma insensata quando se trata do dependente. Cada vez que você lhe fornece um motivo para que ele acredite que está absolvido por seu comportamento inadequado, pela agressividade ou pela violência, do passado e do presente, esse dependente irá considerar que você está perdoando todos esses atos e ainda poderá atribuir um pouco mais de carga sobre seus ombros. Isso cria – de acordo com o modo de pensar do dependente – a oportunidade que ele estava esperando de continuar na mesma rota de comportamento destrutivo de antes. Oferecer o perdão para um dependente ativo equivale a ficar disponível para receber uma carga nova de dor em sua vida.

Isso não significa que você não deve perdoá-lo. Significa simplesmente que esse perdão ao dependente deve estar sempre em seu coração, mas – até o momento em que ele participe de um programa de recuperação até o final, com êxito – nunca em seus lábios.

Aspectos positivos que vêm com a dor

A dor é um fator que nos traz esclarecimento. O desconforto, a dor e o remorso contínuos que coincidem com a dependência de um filho acabam finalmente levando os pais a se humilharem perante esse filho. Então, isso vai gerando uma fraqueza e uma "predisposição" para a aceitação, bem como algo novo e inexplorado nos pais: a necessidade de reconstruir e revitalizar sua própria vida que foi devastada. As emoções, normalmente tão confusas, parecem se reorganizar para que os pais sintam que têm mais controle e mais capacidade de lidar com a situação que enfrentam.

Quando a dor vai embora, surgem os aspectos positivos duradouros. Veja a seguir alguns dos mais importantes:

Força. Se os pais podem resistir à dependência de um filho e lidar com os transtornos que geralmente ocorrem durante as crises e com suas conseqüências, eles não são mais novatos. Existe neles uma determinação saudável de nunca mais se tornarem uma vítima da personalidade dependente de uma outra pessoa. Os pais passam a ser capazes de observar o filho dependente a partir de um local seguramente distante, sem se envolverem diretamente no drama, no desapontamento ou na falta de esperança. Essa é uma posição de força que geralmente não alcançam antes das drogas dominarem seus filhos. Esse é um resultado que nasce da angústia.

Autoconfiança. Provavelmente essa é a primeira característica que desaparece quando um filho torna-se dependente e precisa ser reconquistada com muito carinho. Mas não será mais aquela antiga forma de autoconfiança que se baseava no ego. Essa nova forma de autoconfiança faz sentido, porque não desiste nem se rende. Os pais que a possuem tomam decisões baseando-se em motivos justos e racionais, em vez de ficarem temerosos e se sentirem manipulados pela culpa. A autoconfiança é uma proteção que diz ao dependente que seus pais estão em um lugar saudável agora e não podem mais ser manipulados.

Capacidade de tomar decisões. Os dependentes nunca param de tentar manipular seus pais. Podem até ficar submersos por algum tempo, mas estão sempre voltando à superfície. Alguns pais que estão se separando de seus filhos dependentes ficam preocupados porque acham que nunca mais os verão. Os pais que adquiriram uma capacidade saudável de tomar decisões sabem que os verão novamente ou pelo menos terão notícias a respeito de seus filhos dependentes de vez em quando. Sabem que esses filhos periodicamente tentarão as mesmas e antigas táticas, esperando que essa "capacidade de tomar decisões", tão importuna, que surgiu dentro dos pais, possa finalmente acabar.

Os dependentes de drogas e alcoolistas não vão embora – continuam voltando sempre para nos lembrar que uma decisão firme deve ser mantida a qualquer custo.

Coragem. Quando os pais de um dependente podem permanecer distantes da doença de seu filho, significa que avançaram muito mais do que um simples passo. E também que têm de fazer um esforço constante para ficarem afastados da piedade esmagadora que sentem com relação ao dependente, para não se extraviarem da certeza de que estão assumindo a postura correta.

Quando os pais conseguem perceber que não desejam mais continuar com o modo pelo qual lidavam anteriormente com o dependente e não se deixam mais influenciar – utilizando-se de toda sua valentia, vivacidade, caráter e coragem – pela cadeia emocional que liga os pais e os filhos, eles podem pensar em si mesmos como seres verdadeiramente intrépidos, merecedores das mais vivas aclamações.

Aspectos positivos que surgem com a separação

A opção de se separarem de seus filhos dependentes é algo que os pais descobrem quando reconhecem que são impotentes para mudar qualquer coisa ou qualquer pessoa, com exceção de si mesmos. O fato interessante nesse desprendimento é que podemos pensar em todos os problemas e pessoas e considerar que tudo o que acontece tem uma finalidade benéfica.

Muitos pais tornam-se pessoas mais espiritualizadas em conseqüência da adversidade. Porém, não importa como chegam a essa encruzilhada, desde que cheguem lá.

Um dos resultados mais positivos de termos um filho dependente é a paz e o conforto que sentimos quando aceitamos o fato de que somos impotentes. Começamos a imaginar onde adquirimos a idéia de que possuíamos tanta influência sobre os fatos e as pessoas.

Finalmente, podemos agradecer aos nossos filhos por serem professores tão maravilhosos. Devemos agradecer-lhes, pois sem eles ainda poderíamos estar sendo escravos de nossos egos, favorecendo aquelas vozes exigentes que existiam em nós, vozes que obedecemos durante tantos anos.

Nossos filhos dependentes fazem com que despertemos o melhor que há em nós. O envolvimento deles com uma obsessão terrível e perigosa nos conduz à liberdade – mas isso só ocorrerá se desejarmos realmente aceitá-la.

Aspectos positivos que surgem quando aprendemos a viver novamente

A principal mudança que ocorre quando os pais de um dependente abandonam seus papéis de vítima e assumem uma identidade completamente nova, é aquela em que esses pais se descobrem como indivíduos fortes e bem decididos, que sabem que existe vida após a convivência com filhos dependentes.

Primeiro, porque os pais sentem uma onda de liberdade que é estimulante. É como se expor à luz do sol após ter permanecido muitos anos em uma cela escura. E também porque os pais, a partir de então, podem recolher os pedaços que sobraram de suas vidas, começar novos projetos, conhecer novas pessoas e *fazer tudo aquilo que haviam adiado.*

Veja a seguir alguns dos bônus que estão aguardando os pais que acabaram de se libertar.

Felicidade. Uma palavra simples, mas quantos pais de dependentes podem honestamente aplicá-la a si mesmos? Quando aquela antiga filosofia que afirma "mas, eu sou seu pai/mãe" cai por terra, surgem as primeiras sensações de felicidade (freqüentemente são irreconhecíveis). E essa não é uma felicidade obtida pelo sucesso em um emprego ou pelo fato de termos ganho um bilhete de loteria ou por qualquer outra fonte externa. Ela vem do reconhecimento de que você finalmente se libertou e está permitindo que seus filhos dependentes façam o mesmo. Parabéns.

Paz de espírito. Lembra-se? Bem, ela está voltando novamente de um modo mais completo. Simplesmente pelo fato de se liberar de uma tarefa, a qual havia imposto a si mesmo de forma tão rigorosa, sua mente pode ficar livre para pensar em outras coisas que não estejam relacionadas com filhos dependentes, violência, manipulação e agressividade. Isso pode acontecer quando desviar sua mente do passado. Do mesmo modo como ocorre com a felicidade, você pode não reconhecer imediatamente a sensação que está associada à paz de espírito. Mas ela vai envolvê-lo e quando isso acontecer, você não desejará nunca mais ficar sem ela.

Confiança na vida. Não é possível haver felicidade nem paz de espírito se não houver confiança. Só a simples idéia de não precisarmos mais nos preocupar com nossos filhos dependentes já é uma espécie de exultação. Mas quem irá tomar conta deles se não o fizermos? Pode chamar de poder superior, a mesma fonte que está tomando conta de *todos* nós.

Pode haver aspectos positivos em um filho dependente?

É difícil de acreditar que sim. Mas há muito para se aprender com um dependente de drogas ou e álcool. A experiência de ser um dependente de drogas ou de álcool pode definitivamente ser útil à humanidade. Como tem sido comprovado, algumas das poucas pessoas qualificadas que podem ser chamadas de autoridades no assunto referente ao abuso de substâncias químicas são os próprios ex-dependentes dessas substâncias. Apenas esses ex-dependentes podem dizer como funciona a mente de um dependente de drogas. Isso se deve ao fato de eles já terem passado por essa experiência. E nós não. Nem mesmo muitos daqueles psicólogos e conselheiros que se denominam especialistas no assunto. Como em qualquer outro tipo de negócio, é melhor que se tenha uma determinada graduação no assunto. Os ex-dependentes obtiveram sua graduação especializada a partir das substâncias químicas que ingeriram. À medida que se intensifica mundialmente o uso de drogas, esses ex-dependentes serão cada vez mais necessários, pois estiveram "em campo" e podem aconselhar dependentes mais jovens que fazem parte de um fluxo constante.

Os conselheiros que já foram dependentes normalmente estão mais capacitados para detectar as manipulações ou fraudes inventadas de maneira tão brilhante pelos dependentes praticantes. Conforme eles mesmos podem testemunhar, esses conselheiros provavelmente já conhecem todos os movimentos que um dependente está fazendo ou planejando fazer. Eles não faziam o mesmo?

Portanto, talvez exista um fator positivo em seu filho ser um dependente. Talvez seu filho esteja sendo treinado para aconselhar os outros. Talvez as ruas e as vielas sejam sua sala de aula. No quadro de funcionários de praticamente todos os centros de reabilitação das cidades espalhadas por esse país deve haver muitas pessoas que obtiveram sua graduação vivendo como um drogado ou dopado. Elas são inestimáveis, pois estavam mergulhadas nas trevas e conseguiram se erguer novamente.

Será que não é para esse tipo de preparação que seu filho dependente está destinado?

E você? Pode ajudar os outros?

Existem muitos psicólogos especializados em crianças, espalhados por esse mundo, que podem dar contribuições valiosas para nossa cultura. Mas a menos que tenham andado na mesma montanha-russa que os pais de dependentes andaram, não poderão falar da experiência sobre esse assunto.

A experiência nem sempre vale para todo mundo. Mas uma vez que os pais de um dependente tenham passado por um certo estágio, o "estágio do desprendimento", podem contar esse fato para outros pais que estejam passando pelos mesmos problemas e oferecer ajuda. Afinal, quem conhece melhor a dor e a tristeza de ver um filho envolvido em uma situação tão angustiante, do que os próprios pais?

Não que eu não tenha o maior respeito pelos profissionais especializados no assunto ou que não sinta que há uma imensa necessidade deles no mundo atual: é que acredito existir uma enorme diferença entre "viver uma situação" e "aprender com uma situação". Há pouco tempo, assistia um seminário que durou três horas, ministrado por um renomado psicólogo especializado em crianças. O assunto abordava como lidar com adolescentes de uma forma que os mantivesse longe do alcance das drogas e do álcool. Fiquei curioso para saber quais eram seus métodos – que consistiam principalmente em "conversar" com os jovens dependentes e continuar "conversando" sempre com eles.

Então ele mencionou seus próprios filhos de dois e três anos de idade. Enquanto o escutava, ficava imaginando a mudança que ele teria de fazer nesses métodos especializados para lidar com a juventude, nos próximos anos, especialmente após essas crianças terem atingido a puberdade.

Será interessante ouvir o que ele terá a dizer daqui a uma ou duas décadas.

130

EPÍLOGO

Justamente quando você pensa que está mais fortalecido, o telefone toca

TODAS AS NOSSAS HISTÓRIAS. Quando você tem um filho dependente de drogas ou de álcool, aprende muito. Aprende a ficar sempre prevenido para não ser manipulado de nenhuma forma, gênero ou grau pelo dependente. Aprende a se tratar como um ser humano, após todos esses anos em que se tratou como se não o fosse. Você se torna uma pessoa articulada, que diz ao dependente exatamente para o que você está preparado para fazer a ele (oferecer apoio moral se ele conseguir se recuperar) e para o que você não está preparado (oferecer dinheiro, seu automóvel, sua TV, o relógio da cozinha, a lista é interminável). Também irá parabenizar-se quando o dependente, sabendo que você está extremamente bem treinado sobre suas artimanhas, não mais tentar encurralá-lo em um canto, como costumava fazer freqüentemente.

Em algum lugar da sua mente, há a possibilidade de que talvez o dependente nunca mais o aborreça, que aqueles dias difíceis tenham finalmente terminado, que o dependente tenha finalmente arranjado um emprego, arrumado a própria vida e assim por diante.

E então o telefone toca. Advinhe quem está do outro lado da linha perguntando como vai você, como está o restante da família, perguntando se a última tempestade não causou nenhum dano à casa, se você já melhorou daquele seu problema na coluna, que ocorreu há dez anos, e aproveita a oportunidade de estar fazendo essas perguntas e arrisca perguntando também se você não poderia emprestar cinco mil?

Não tenho nenhuma dúvida de que mesmo se você dissesse ao dependente que a sua casa foi incendiada e que você e o restante da família agora são indigentes e vivem de caridade, além de não saber qual será sua próxima refeição, o único comentário dele seria: "Sim, mas quero saber se você pode emprestar os cinco mil?" Já descuidei de minha vigilância muitas vezes, exatamente como todos os pais de dependentes que conheço. O abuso das drogas e do álcool parece destituir os dependentes de qualquer consideração por qualquer pessoa, a começar por si mesmos. Enquanto você está apreciando o intervalo de suas exigências, os dependentes não estão, como você gostaria de pensar, se tornando pessoas altruístas. Eles estão lá fora esperando pelo momento certo para surpreendê-lo com mais uma de suas solicitações. Segundo o modo de pensar dos dependentes – quem sabe se talvez durante esse longo período que eles não lhe telefonaram – você tenha revisado sua determinação de não lhes fornecer seu dinheiro ganho com tanto esforço. E, no que diz respeito a eles, certamente vale a pena tentar, não é?

Mesmo me considerando uma pessoa implacável em relação às solicitações feitas pelos dependentes que existem em minha vida, fico chocado quando percebo que ainda posso me surpreender e ser pego nas mesmas e antigas reações. Há pouco tempo, fui acordado, logo depois que o dia amanheceu, pelo telefone que tocava. Não tinha notícias desse meu filho dependente há algum tempo, minha principal reação foi de surpresa. Será que o fato de ele estar telefonando para mim naquela hora um tanto incomum não me daria uma dica de que nada havia realmente mudado? E não é que eu já estava com uma frase pronta para ser pronunciada, reclamando de como me sentia magoado por não ter recebido um cartão de Natal ou um cartão de felicitações pelo meu aniversário ou pelo dia dos pais? Ou ainda por não ter recebido sequer um agradecimento pelos cartões de Natal e de aniversário e pelos presentes generosos e facilmente negociáveis que havia enviado?

Felizmente, eu estava pronto para a pergunta inevitável que *sabia* que viria logo após todas essas perguntas que começavam com um "como vai". E quando essa pergunta finalmente foi feita consegui dizer não e desliguei o telefone.

Mas alguns amigos mais próximos a quem vou chamar de Jane e Neal, que são os pais de um filho dependente de drogas, não conseguiram se livrar facilmente desse gancho (sem nenhuma intenção de fazer um jogo de palavras). Quando o filho deles lhes telefonou, após meses sem fazer nenhum tipo de comunicação, pedindo um empréstimo, eles mesmos realmente se surpreenderam ao dizerem sim! Como veteranos de cenas grotescas ocorridas especificamente com esse filho, eles estavam totalmente preparados para rejeitar toda e qualquer espécie de apelos por auxílio financeiro. E lá estavam eles, demonstrando que toda racionalidade do mundo os havia abandonado, quando concordaram em emprestar ao filho uma razoável quantia em dinheiro. Aquele seria, conforme garantiu o filho, apenas um empréstimo que ele iria devolver em apenas duas semanas. Com juros.

Esse filho dependente deve ter feito muitas outras promessas como essa no passado, quando prometia pagar essas consideráveis quantias de dinheiro que havia emprestado. Com juros. Desnecessário dizer que os pais nunca receberam nem um centavo.

Durante as horas que se passaram logo após esse telefonema, Jane e Neal se perguntaram o porquê daquilo que havia acontecido. Perceberam que, por algum motivo, voltaram a ser os pais que costumavam ser. Será que não aprenderam nada depois de todo esse tempo em que lidaram com um dependente? Será que essa força recentemente conquistada era apenas uma fachada? O dinheiro que eles haviam fornecido no passado serviu apenas para o vício insensato do filho e ele iria fazer novamente a mesma coisa com o dinheiro que Jane e Neal iriam fornecer.

O desejo de continuar a ajudar: uma característica dos pais

Todos os pais amorosos não desejam nada mais do que poder ajudar seus filhos. Algumas vezes, nós – pais de dependentes de drogas e alcoolistas – esquecemos que, quando se trata de dinheiro, isso é impossível. Jane e Neal estavam se recuperando de seu descuido e se sentindo mal por terem prometido emprestar o dinheiro e perceberam que teriam de voltar atrás. Quando o filho deles telefonou perguntando por que o dinheiro não havia sido enviado, Jane e Neal precisaram reunir toda a coragem que possuíam para dizer-lhe simplesmente que eles haviam mudado de idéia.

De repente, esse filho, que havia sido bastante gentil até aquele momento, mudou completamente. Uma rajada de veneno veio pela linha telefônica, revelando que o filho estava sob a influência das drogas. Quando percebeu que aquele veneno não havia provocado nenhum efeito, o filho começou a utilizar uma série de manobras manipuladoras, que também não surtiram efeito. Jane e Neal não se deixaram influenciar, embora suas pernas estivessem tremendo e eles sentindo como se o coração fosse saltar para fora de seus peitos.

Mesmo sabendo que aquele era o filho tão amado deles, mencionando o fato de estar telefonando no rigoroso frio do inverno, de alguma cidade em Michigan, dizendo que não tinha um casaco para vestir ou um teto para se abrigar, eles não cederam. Apesar de tudo isso, Jean e Neal permaneceram firmes e disseram não.

O filho deles, ao reconhecer que não havia conseguido nada, disse aos pais que iria cometer suicídio. Jane e Neal não retrucaram o assunto – ele já não estava cometendo suicídio todos os dias de sua vida ao estar usando drogas? E então surgiu sua última tentativa de coação. Ele disse a Jean e a Neal que eles não iriam nunca mais vê-lo nem ouvir falar dele e também que não se considerava mais filho deles. Foi quando Neal reagiu.

"Que filho?", Neal respondeu com raiva. "Quando é que você foi um filho para mim? Quando é que ouvimos falar de você, exceto nos momentos em que você desejava dinheiro? Pelo que nos diz respeito, você não é nosso filho, você é apenas uma pessoa dependente de drogas ou qualquer outra pessoa que está fazendo um interurbano a cobrar para mim".

No momento em que Neal desligou o telefone, estava tremendo. Mas Jane e Neal venceram. Conseguiram defender aquele lado prejudicial e co-dependente que possuíam e os havia mantido em um envolvimento fatal, não com o filho deles, mas com as drogas que o controlavam e o haviam transformado naquela criatura digna de pena.

As palavras de despedida do filho magoaram muito Jane e Neal: ele disse que eles não sabiam manter a palavra, pois haviam prometido que iriam enviar o dinheiro e depois não cumpriram, exatamente como sempre deixaram de cumprir todos os acordos que haviam sido feito entre eles, exatamente como deixaram de cumprir suas funções de pai e de mãe desde que ele havia nascido. Sendo amigo de Jane e Neal e sabendo do amor e do carinho que sempre ofereceram ao filho em todas as suas fases de crescimento, eu reconhecia que aquilo não era verdade. Mas e quanto a Jane e Neal?

"A única coisa que realmente nos deixa aborrecidos, é que nós dissemos sim a ele e depois dissemos não", Neal desabafou para mim mais tarde.

"Você apenas mudou de idéia e nada mais", disse-lhe. "E não há nenhum problema nisso."

134

Os dependentes podem mudar de idéia, mas os pais de dependentes não podem?

Quantas vezes seu filho dependente prometeu fazer alguma coisa para você e depois deixou de cumprir? Você se lembra das promessas feitas, assim como colocar o lixo para fora, lavar o carro, pagar o empréstimo de R$ 50,00 que pediu para comprar CDs, pagar o empréstimo de R$ 1.500,00 do aparelho estéreo, rebocar a parede nos locais que foi esmurrada por ele enquanto estava sob a influência das drogas? Você consegue enumerar quantas vezes essas promessas foram feitas?

Quantas vezes você prometeu fazer alguma coisa para seu filho dependente e precisou ficar entre a cruz e a espada para cumprir essa promessa? E você lembra da época em que precisou fazer um empréstimo para pagar a fiança de seu filho dependente que havia arrumado problemas com a justiça? Você consegue enumerar quantas vezes isso ocorreu?

Os pais de dependentes tendem a pensar que precisam cumprir cada palavra que dizem, mesmo quando os dependentes demonstram reiteradamente que não têm nenhuma intenção de honrar absolutamente nenhum de seus próprios compromissos.

Você poderia dizer que esses dependentes simplesmente mudaram de idéia. Várias e milhares de vezes. Mas quando os pais fazem isso uma ou duas vezes, eles se punem de forma insensata com a culpa. E pior, também permitem que os dependentes façam isso com eles.

Esse é o ponto crucial do dilema do relacionamento entre os pais e o filho dependente e não se refere diretamente ao dependente. Essa é uma inabilidade dos pais em reconhecerem que sua própria lealdade familiar está mal situada. Muitos pais de dependentes sentem que devem cumprir todas as missões de resgate relacionadas ao filho dependente e isso é uma espécie de doença. E graças a essa rigidez é que os pais de dependentes diminuem suas chances de se sentirem bem consigo mesmos. E, conseqüentemente, diminuem também as chances do dependente procurar se recuperar.

Enfim, o medo que os pais têm de deixar o dependente sofrer e a vergonha de serem acusados por ele de não terem cumprido com suas palavras é que mantêm os pais e seus filhos dependentes envolvidos na pior espécie de drama humano.

Variações sobre um tema antigo e desgastado

Descrevo a seguir um exemplo de manipulação que pode atormentar os pais. O telefone toca. É o dependente. Ele diz que tem um emprego. Você fica contente. Mas também fica preocupado. Isso porque você sabe que ele não ligou para você para lhe contar as boas notícias. Esse tipo de situação simplesmente não acontece por parte de um dependente. Então, surge a bomba pela qual você já estava esperando. A solicitação. Ele diz que todo mundo na empresa onde vai trabalhar usa terno e gravata e que ele não tem nada adequado para usar. Diz que se você não lhe enviar imediatamente a quantia de R$ 1.800,00 ele não conseguirá esse emprego. As implicações são bem nítidas.

De repente, você se tornou o fator decisivo na questão do dependente conseguir ou não o referido emprego. Na questão referente a ele ter um futuro. Ter uma vida digna.

Você começa a sentir aquela antiga e familiar indisposição no seu estômago. Esse não é aquele filho pelo qual você faria todo o possível para ajudá-lo a começar sua vida. Esse é o filho que está se envolvendo com drogas há vários anos e não tem demonstrado absolutamente nenhum interesse em ter um emprego convencional. E ele, se você se lembrar corretamente, já lhe procurou várias vezes com esse antigo e cansativo tipo de conversa. Em uma dessas variações telefonou para solicitar um automóvel para poder ir ao trabalho (por que será que os dependentes estão sempre conseguindo empregos em lugares tão inacessíveis que não podem nem ser alcançados por transportes públicos?). Em uma outra variação, ele telefonou para solicitar dinheiro para comprar uma passagem aérea de ida e volta para comparecer a uma entrevista de um emprego que ficava a mais de mil quilômetros de distância. Ao estar sendo presenteado por essas numerosas solicitações que lhe deixam sem escolha, a pergunta a ser feita é: você vai contribuir com algo que sabe que provavelmente será uma outra fraude ou vai dizer que sente muito e desligar o telefone?

Para sair dessa função de banqueiro/vítima/salvador, você tem de parar com essa atitude de banqueiro/vítima/salvador. Precisa mudar essa sessão de repetições. Bem como esquecer todas as cláusulas existentes na função de pai ou mãe. Precisa endurecer seu coração e dizer a si mesmo que a paternidade/maternidade não mais se aplica a você – pelo menos enquanto seu filho for um dependente. E isso não é algo fácil de se fazer.

P.S. No seu íntimo você sabe que não há nenhum emprego e que seu filho dependente não vai começar a trabalhar na segunda-feira. Mas, mesmo se fosse, não seria sua responsabilidade se esse filho dependente decidisse ir bem vestido, mal vestido ou sem se vestir.

Enfrentando algo difícil de ser encarado: talvez a situação não mude nunca

Em resumo, você tem um filho e ele se tornou um dependente. Seu amor por esse filho não desapareceu. Mas você teve de se afastar da pessoa na qual seu filho se transformou, por causa do abuso das drogas e/ou do álcool. Sua jornada com o filho dependente conduziu-o por vários estágios de dor, pesar e desespero e também a novas fases de força, aceitação e recuperação. Talvez você não estivesse tão saudável mentalmente nesse momento se não fosse pelas tribulações que sofreu graças ao seu convívio com um dependente. Mas você nunca saberá. A única coisa que sabe é que nunca mais entrará voluntariamente em uma situação dessas, mesmo com todo o conhecimento que adquiriu. Em outras situações você jamais sacrificaria seu filho apenas para se tornar uma pessoa melhor e mais forte.

Mas foi assim que as coisas tiveram de acontecer. Você vem lidando bem com a situação, durante quase 24 horas por dia. Existem apenas alguns momentos em que é difícil lidar com ela, como aquelas horas em que você desperta no meio da noite e fica acordado para ter certeza de que todo o pesar realmente se foi – e tudo isso já pode ser administrado de uma nova forma, mais inteligente. Essa tristeza também pode surgir quando estiver caminhando por uma rua ou uma alameda e vir alguém que lhe faz lembrar seu filho dependente, mas essa pessoa não é um dependente de drogas e você sente aquele vazio em seu coração. Lamenta por tudo aquilo que poderia acontecer de bom para seu filho, uma vida feliz, realizações na carreira, e assim por diante. E lamenta também pelos eventos que nunca aconteceram – a graduação no nível secundário, a festa de noivado, o casamento, òs netos. Essas são as celebrações da vida que talvez nunca possa usufruir.

Porém, você não sabe e não pode afirmar nada sobre os acontecimentos do futuro.

Charles Rubin

Mora em São Francisco com sua esposa, é proprietário e responsável por uma agência de publicidade na Califórnia, que já foi premiada. Como pai, ele passou pela experiência pessoal de sobreviver à dependência química de seus filhos.

CONSELHOS ESTADUAIS DE ENTORPECENTES – CONEN'S
Atualizado em outubro de 1999

CONSELHO ESTADUAL DE ENTORPECENTES DO ACRE
Tel: (68) 224-6379 – Fax: (68) 224-1183

CONSELHO ESTADUAL DE ENTORPECENTES DE ALAGOAS
Telefax: (82) 326-1778 e 983-7563

CONSELHO ESTADUAL DE ENTORPECENTES DO AMAZONAS
Tel: (92) 663-1090 ramal 33
Telefax: (92) 633-8448

CONSELHO ESTADUAL DE ENTORPECENTES DA BAHIA
Tel: (71) 371-5500; 371-9818 e 371-9164
Fax:: (71) 371-0164

CONSELHO ESTADUAL DE ENTORPECENTES DO CEARÁ
Tel: (85) 254-4944 – Fax: (85) 226-4142

CONSELHO ESTADUAL DE ENTORPECENTES DO DISTRITO FEDERAL
Tel: (61) 323-7386; 323-8729 e 323-7708 – SOS-DROGAS 323-1060
Fax: (61) 323-7386
E-mail: Cândida@abordo.com.br

CONSELHO ESTADUAL DE ENTORPECENTES DO ESPÍRITO SANTO
Tel: (27) 222-0609 e 223-8773
Fax: (27) 223-1237

CONSELHO ESTADUAL DE ENTORPECENTES DE GOIÁS
Tel: (62) 202-2111 e 202-2323
Telfax: (62) 202-2332

CONSELHO ESTADUAL DE ENTORPECENTES DO MARANHÃO
Tel: (98) 235-0291 e 235-6221
Fax: (98) 235-0291

CONSELHO ESTADUAL DE ENTORPECENTES DO MATO GROSSO
Tel: (65) 644-2940; 627-3763 e 644-2369
Fax: (65) 644-2930

**CONSELHO ESTADUAL DE ENTORPECENTES DO
MATO GROSSO DO SUL**
Tel: (67) 725-4179 – Fax: (67) 724-6271

CONSELHO ESTADUAL DE ENTORPECENTES DE MINAS GERAIS
Tel: (31) 286-6321; 286-6499 e 286-3310
Telefax: (31) 286-6321 e 286-6545

CONSELHO ESTADUAL DE ENTORPECENTES DO PARÁ
Tel: (91) 223- 2597 ramal 218 e 241-0582
Telefax: (91) 230-3547

CONSELHO ESTADUAL DE ENTORPECENTES DA PARAIBA
Tel: (83) 241-3534 e 241-2580 – Fax: (83) 241-3465

CONSELHO ESTADUAL DE ENTORPECENTES DO PARANÁ
Tel: (41) 254-6822 e 252-9254 – Fax: 262-4709 e 253-2625

CONSELHO ESTADUAL DE ENTORPECENTES DE PERNAMBUCO
Tel: (81) 421-2437 (Direto) e 231-2799 – ramal 154 ou 120
Fax: (81) 221-0421

CONSELHO ESTADUAL DE ENTORPECENTES DO PIAUÍ
Tel: (86) 218-1711 – Fax: (86) 218-1525

**CONSELHO ESTADUAL DE ENTORPECENTES DO
RIO DE JANEIRO**
Tel: (21) 589-8562 – PABX (21) 589-8709 e 580-1951 (direto-presidente)
Fax: (21) 580-2423

**CONSELHO ESTADUAL DE ENTORPECENTES DO
RIO GRANDE DO NORTE**
Telefax: (84) 7533350 – Tel: (84) 753-3352
E-mail: mapraxedes@secrin.m.gov.br

**CONSELHO ESTADUAL DE ENTORPECENTES DO
RIO GRANDE DO SUL**
Tel: (51) 228-8159 e 228 -1938 – Fax: (51) 226-6883
E-mail. conenrs@proviars.com.br.

CONSELHO ESTADUAL DE ENTORPECENTES DE RONDÔNIA
Tel: (69) 223-3080 ramal 26 – Fax: (69) 224-4073

CONSELHO ESTADUAL DE ENTORPECENTES DE RORAIMA
Tel: (95) 623-1410 ramal 248
Fax: (95) 623-2440

CONSELHO ESTADUAL DE ENTORPECENTES DE SANTA CATARINA
Telefax: (48) 224-1101

CONSELHO ESTADUAL DE ENTORPECENTES DE SÃO PAULO
Tel: (11) 3105-3798 e 3107-0202
Fax: (11) 3105-3669

CONSELHO ESTADUAL DE ENTORPECENTES DE SERGIPE
Tel: (79) 224-3301 – Fax: (79) 224-1178

CONSELHO ESTADUAL DE ENTORPECENTES DE TOCANTINS
Tel: (63) 218-1818; 218-1819 e 218-1820
Fax: (63) 215- 1546

RELAÇÃO DE INSTITUIÇÕES PARA TRATAMENTO/PREVENÇÃO DE DEPENDÊNCIAS DE DROGAS
Atualizada em setembro/99

1 – Centro de Estudos e Terapia do Abuso de Drogas (CETAD) – Extensão Permanente da Faculdade de Medicina da Universidade Federal da Bahia – FAMED/UFBA
Tel: (71) 359-7190 (consultório) – (71) 336-8673 (CETAD)
Fax: (71) 336-4605
E-mail: neryfilho@svn.com.br

2 – Centro Público de Desintoxicação Hospital Geral de Taipas
Tel: (11) 841-1490

3 – Centro Público para Casos de Overdose
Tel: (11) 275-5311 – Pabx 578-5111 – ramal 186

4 – Alcoólicos Anônimos – Atendimento Central
Tel: (11) 227-5601 e 228-3804

5 – Narcóticos Anônimos – NA
Tel: (11) 227-9014 – ramal 934

6 – NARANON (Atendimento Familiar)
Tel: (11) 227-9014 – ramal 490

7 – Centro Mineiro de Toxicomania (CMT) – Fundação Hospitalar do Estado de Minas Gerais – FHEMIG – Secretaria de Estado de Saúde de Minas Gerais
Tel: (31) 273-5844
Fax: (31) 273-8156
E-mail: cmt@bhnet.com.br

8 – Centro Eulâmpio Cordeiro de Recuperação Humana – Fundação de Saúde Amaury de Medeiros da Secretaria de Saúde do Estado de Pernambuco
Tel: (81) 228-3200
Fax: (81) 228-3200

9 – Núcleo de Estudos e Pesquisas em Atenção ao Uso de Drogas (NEPAD) – Universidade do Estado do Rio de Janeiro
Tel: (21) 589-3269 (NEPAD) e (21) 254-9976 (consultório);
Fax: (21) 589-4309
E-mail: sbnepad@uerj.br

10 – Programa de Orientação e Atendimento a Dependentes de Drogas (PROAD) – Departamento de Psiquiatria e Psicologia Médica – Escola Paulista de Medicina – Universidade Federal de São Paulo – UNIFESP
Tel: (11) 576-4472
Fax: (11) 570-1543
E-mail: dartiu@csf.com.br

11 – Unidade de Tratamento de Dependência Química do Hospital Mãe de Deus – Associação de Incentivo a Pesquisa em Álcool e Drogas – FIPAD
Tel: (51) 231-4536 e 230-2576
Fax: (51) 231-4536
E-mail: fipad@zaz.com.br

12 – Departamento de Psicobiologia da Escola Paulista de Medicina – (Centro Brasileiro de Informações sobre Drogas Psicotrópicas – CEBRID e Unidade de Dependência de Drogas – UDED) da Universidade Federal de São Paulo – UNIFESP
Fone CEBRID: (11) 539-0155 – ramal 170
Fax CEBRID (11) 5084-2793
Fax Departamento de Psicobiologia: (11) 572-5092

13 – Grupo Interdisciplinar de Estudos do Alcoolismo e Farmacodependências – GREA – Instituto de Psiquiatria do Hospital das Clínicas da Faculdade de Medicina da Universidade de São Paulo – USP
Tel: (11) 30644973
Fax: (11) 852-7615 (consultório)
E-mail: a-guerra@saudetotal.com.br

14 – PROSAM – Associação Pró-Saúde Mental
Tel: (11) 62-1385

----------------- dobre aqui -----------------

ISR 40-2146/83
UP AC CENTRAL
DR/São Paulo

CARTA RESPOSTA
NÃO É NECESSÁRIO SELAR

O selo será pago por

summus editorial

05999-999 São Paulo-SP

----------------- dobre aqui -----------------

NÃO SEJA VÍTIMA DOS SEUS FILHOS

summus editorial

CADASTRO PARA MALA-DIRETA

**Recorte ou reproduza esta ficha de cadastro, envie completamente preenchida por correio ou fax,
e receba informações atualizadas sobre nossos livros.**

Nome:_____ Empresa:_____

Endereço: ☐ Res. ☐ Coml. _____ Bairro:_____

CEP: _____-_____ Cidade: _____ Estado: _____ Tel.: (   ) _____

Fax: (   ) _____ E-mail: _____ Data de nascimento: _____

Profissão:_____ Professor? ☐ Sim ☐ Não Disciplina: _____

1. Você compra livros:

☐ Livrarias ☐ Feiras
☐ Telefone ☐ Correios
☐ Internet ☐ Outros. Especificar:_____

2. Onde você comprou este livro?

_____

3. Você busca informações para adquirir livros:

☐ Jornais ☐ Amigos
☐ Revistas ☐ Internet
☐ Professores ☐ Outros. Especificar:_____

4. Áreas de interesse:

☐ Educação ☐ Administração, RH
☐ Psicologia ☐ Comunicação
☐ Corpo, Movimento, Saúde ☐ Literatura, Poesia, Ensaios
☐ Comportamento ☐ Viagens, *Hobby*, Lazer
☐ PNL (Programação Neurolingüística)

5. Nestas áreas, alguma sugestão para novos títulos?

_____

6. Gostaria de receber o catálogo da editora? ☐ Sim ☐ Não

7. Gostaria de receber o Informativo Summus? ☐ Sim ☐ Não

Indique um amigo que gostaria de receber a nossa mala-direta

Nome:_____ Empresa:_____

Endereço: ☐ Res. ☐ Coml. _____ Bairro:_____

CEP: _____-_____ Cidade: _____ Estado: _____ Tel.: (   ) _____

Fax: (   ) _____ E-mail: _____ Data de nascimento: _____

Profissão:_____ Professor? ☐ Sim ☐ Não Disciplina: _____

cole aqui